Womit anfangen?

Wählen Sie die Region Kroatiens, die Sie besuchen möchten:
Tour 1 (von Dubrovnik über Split und die Inseln nach Hvar, S. 46) oder
Tour 2 (von Zagreb über Istrien nach Zadar, S. 124).

Vor der Abreise

Buchen Sie Ihren Flug (S. 10) und Ihre Unterkunft (S. 14) entsprechend den vorgeschlagenen Zwischenstopps. Die Flüge und Entfernungen sind ab Frankfurt angegeben, die Einreiseformalitäten gelten für deutsche Staatsangehörige.

Öffnungszeiten

Sind Sehenswürdigkeiten an bestimmten Tagen geschlossen, vermerken wir dies. Weitere Informationen finden Sie im Register oder auf der entsprechenden Internetseite.

Reservierungen

Für manche Sehenswürdigkeiten müssen Sie Tickets im Voraus buchen. Darauf weisen wir immer hin.

Sind Sie bereit? Dann lesen Sie weiter und genießen Sie Ihre Reise!

INHALT

PRAKTISCHE INFOS

DIE THEMEN DES LANDES

TOUREN

TOUR 1

SIMPLISSIME

Kroatien

DER PRAKTISCHSTE REISEFÜHRER DER WELT

EINFACH LOS!

BRUCKMANN

WAS IST DAS BESONDERE AN DIESEM REISEFÜHRER?

– Es ist ein Reiseführer für alle Reisenden und alle Arten von Reisen: mit der Familie oder mit Freunden, für jedes Budget, mit dem Auto oder mit öffentlichen Verkehrsmitteln.
– Sie finden sämtliche Informationen, die Sie brauchen, um Ihren Urlaub gut vorzubereiten.
– Es ist ein Buch, das sich auf das Wesentliche einer Reise konzentriert, damit Sie nichts von dem verpassen, was man unbedingt gesehen haben muss.
– Das Buch hat eine Autorin, die ihre Lieblingsadressen nennt: Restaurants mit lokalen Spezialitäten, Bars und Cafés für entspannte Pausen, die lohnendsten Sehenswürdigkeiten und vieles andere mehr.

Dieses Buch besteht aus vier Teilen:

• **Praktische Infos** über das Reiseziel: Klima, Gesundheitsversorgung, Lebenshaltungskosten, Transport, Unterkunft und mehr – alle praktischen Dinge, die Sie zur Vorbereitung Ihres Urlaubs und für eine entspannte Zeit vor Ort benötigen.
• Die **Themen des Landes**: Dieser Abschnitt hilft Ihnen bei der Planung Ihrer Reise. Suchen Sie sich hier Ihre persönlichen Highlights aus.
• Die **Touren**: zwei Tourenvorschläge für Kroatien (einen im Süden, der andere im Norden). Jeder Ort wird ausführlich mit **Zwischenstopps** beschrieben. Sie erhalten Tipps für Besichtigungen und Aktivitäten, gute Adressen und **detaillierte** Routen, um von einem Zwischenstopp zum anderen zu gelangen. Karten und Stadtpläne unterstützen Sie dabei. Manchmal schlagen wir auch vor, einen Abstecher in Form eines **Tagesausflugs** zu machen.
• Ein sehr praktisches **Register**, das viele nützliche Informationen und Öffnungszeiten für einzelne Sehenswürdigkeiten auflistet.

Bereiten Sie Ihre Reise vor und genießen Sie Ihren Urlaub, ohne etwas von dem Land zu verpassen. Tauchen Sie in die aufregenden Städte Dubrovnik oder Zagreb ein, entdecken Sie Split oder Zadar, bevor Sie sich auf eine Reise zu den wilden Buchten, befestigten Städten und kleinen bunten Häfen der Inseln begeben. Tauchen Sie in glasklarem Wasser, wandern Sie in Naturparks, genießen Sie unvergessliche Sonnenuntergänge und lassen Sie sich von der kroatischen Küche überraschen Wenn Sie von Kroatien träumen, fahren Sie einfach hin!

100 % KROATIEN

Die Lieblingsadressen der Kroaten finden Sie, wenn Sie dieses Piktogramm entdecken. Es steht bei den von **Sanja Ranty** ausgewählten Orten. Sanja stammt ursprünglich aus Zagreb. Seit zehn Jahren lebt sie in Frankreich, aber sie liebt ihr Heimatland – vor allem die Adriaküste und die Inseln im Sommer – und kehrt dorthin zurück, wann immer sie kann. Sie kocht leidenschaftlich gern und liebt es, auf ihren Reisen neue Restaurants zu entdecken.

KROATIEN IN KÜRZE

Kroatien
Hauptstadt: Zagreb

1.50 oder 2.25 Std.
Flugzeit nach Zagreb oder Dubrovnik von Frankfurt

Gültiger Personalausweis oder Reisepass

Keine Zeitverschiebung

Kroatisch
und oft auch Englisch, Italienisch oder Deutsch

Kuna (kn/HRK)
Eine Kuna entspricht 100 Lipa

4,2 Mio. Einwohner
In Kroatien leben so viele Menschen wie in Sachsen

Fläche

56 600 km²
Kroatien ist etwa doppelt so groß wie Brandenburg

1244
Inseln und Inselchen, von denen 50 bewohnt sind

ÖSTERREICH
UNGARN
SLOWENIEN
ZAGREB
KROATIEN
SERBIEN
ISTRIEN
Rijeka
vinj
Plitvicer Seen
ula und
emantura
BOSNIEN UND HERZEGOWINA
Zadar
Šibenik
Split
DALMATIEN
Makarska-Riviera
ADRIATISCHES MEER
Hvar
Korčula
Dubrovnik
MONTENEGRO
0 50 100 km

ANREISE

FLUGZEUG

Vier große internationale Flughäfen (Zagreb, Zadar, Split und Dubrovnik) werden von Deutschland aus angeflogen. Die nationale Fluggesellschaft Croatia Airlines und Air Serbia bieten zahlreiche Direktflüge an, ebenso wie Lufthansa, Eurowings und RyanAir.

PREIS FÜR EIN RÜCKFLUGTICKET

Frankfurt–Zagreb

220€	**Durchschnittlicher Preis**
180€	**Guter Preis**
155€	**Super Preis!**

Die Preise sind im Jahresdurchschnitt angegeben. In der Hochsaison (Juni–August) liegen sie höher.

AUTO UND FÄHRE

- **12 Std. Fahrt** von Berlin nach Rijeka (östlich von Istrien) und 7 Std. von München, ohne Pausen.
- **Die kroatische Küste mit der Fähre aus Italien erreichen:** Verbindungen zu den wichtigsten Häfen Istriens und Dalmatiens (Pula, Rijeka, Zadar, Split, Hvar, Dubrovnik) von den italienischen Häfen Venedig, Ancona und Bari.

GESUNDHEIT UND SICHERHEIT

NOTRUF

112 gebührenfreier Euronotruf
94 Rettungsdienst
92 Polizei

Seeigel
Sie verstecken sich in den Felsen. Badesandalen werden überall an der Küste verkauft.

Hitze und Stechmücken
Schützen Sie sich vor den hohen Temperaturen im Juli und August und vor den Mücken.

SICHERHEIT

Kroatien ist ein friedliches Land ohne besondere Sicherheitsprobleme. In einigen Gebieten gibt es jedoch immer noch Landminen, die durch Schilder mit Totenköpfen gekennzeichnet sind. Verlassen Sie in diesen Gegenden nicht die befestigten Wege. An der Küste besteht keine Gefahr.

KLIMA

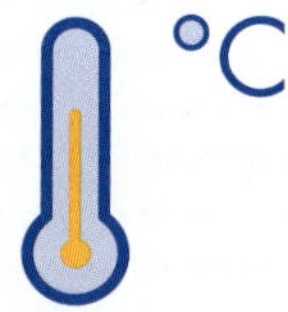

BESTE REISEZEIT

MAI–SEPTEMBER

Das Ende des Sommers hat seine Vorteile: Von Anfang September bis Mitte Oktober bleibt das Wetter mild, die Wassertemperatur ist noch angenehm und das Licht herrlich.

TEMPERATUREN

(Min./Max. – Dubrovnik)

Frühling: 11/25 °C
Sommer: 19/29 °C
Herbst: 8/21 °C
Winter: 6/14 °C
Im Landesinneren sind die Temperaturen niedriger.

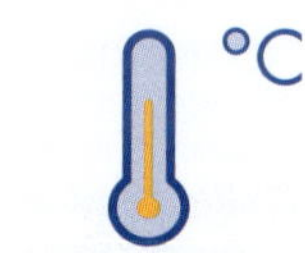

WASSERTEMPERATUREN

im Durchschnitt

Frühling: 18 °C
Sommer: 24 °C (August: 26 °C)
Herbst: 17 °C (Oktober: 20 °C)
Winter: 13 °C

KLIMA

Mediterran an der Küste und auf den Inseln, mit milden Wintern und heißen, trockenen Sommern.
Kontinental im Landesinneren, im Winter rau, im Sommer heiß und stürmisch.

ÜBERNACHTEN

PRIVATUNTERKÜNFTE

- Eine preiswerte Lösung und der beste Weg, Kroaten kennenzulernen! Schilder wie *Sobe*, *Zimmer*, *Rooms* oder *Apartman* (Wohnung) sieht man überall. In der Zwischensaison bieten einige Vermieter ihre Zimmer direkt am Fährhafen an.
- In der Hochsaison ist eine Reservierung sehr empfehlenswert.
- Bei einem Aufenthalt von weniger als drei Nächten können die Preise um 20–30 % steigen.
- Die örtlichen Fremdenverkehrsämter haben eine Liste solcher Unterkünfte, manchmal sogar auf ihren Websites. Sie sind auch über Reisebüros erhältlich (gegen Gebühr). Zahlreiche Angebote stehen auch auf privaten Buchungsplattformen.

HOTELS

- Das Angebot ist sehr vielfältig. Die 3-Sterne-Kategorie umfasst sowohl gute Häuser als auch alte, unrenovierte Hotels.
- Die Preise sind im Sommer hoch und steigen bei einem Kurzaufenthalt noch einmal um 20–30 %.
- Im Juli und August ist eine Reservierung erforderlich.

CAMPING

- Das Angebot konzentriert sich auf die Küste. Die Plätze haben von Mitte April bis September, manchmal auch von März bis Oktober geöffnet .
- Die meisten größeren Campingplätze mit Swimmingpools und mobile homes befinden sich in Istrien. In Dalmatien gibt es eine größere Auswahl an kleineren Campingplätzen.
- Wildes Campen ist nicht erlaubt.
- Eine vollständige Liste der Plätze gibt es unter www.camping.hr.

APARTMAN

UNTERWEGS

MIETWAGEN

- Ein Mietwagen ist eine recht preiswerte Möglichkeit, die Küstenregion zu erkunden.
- Einige örtliche Verleihfirmen sind sehr günstig, können aber unzuverlässig sein. Buchen Sie Ihr Auto lieber im Voraus über eine große Firma oder über www.adriagate.com (eine seriöse kroatische Agentur mit sehr günstigen Preisen).
- Vergewissern Sie sich vorab, dass die Mietwagenfirma geöffnet hat, wenn Sie ankommen.
- Die meisten Vermieter verlangen eine Kreditkarte, keine Debitkarte (erkundigen Sie sich bei Ihrer Bank, welche Art von Karte Sie haben).
- Prüfen Sie, ob der Vermieter die Ausreise aus Kroatien genehmigt: Nördlich von Dubrovnik durchqueren Sie kurz (10 km) Bosnien-Herzegowina, bevor Sie wieder nach Kroatien einreisen.
- Fragen Sie nach der Gebühr, die fällig wird, wenn Sie das Fahrzeug nicht dort zurückgeben, wo Sie es abgeholt haben.

BUS UND BAHN

- Das **Busnetz** in Kroatien ist ausgezeichnet: komfortable Fahrzeuge und angemessene Preise. Aufpreis für Gepäck im Laderaum.
- Wenn Sie zwischen zwei Bahnhöfen aussteigen möchten, fragen Sie den Fahrer.
- Auf www.autobusni-kolodvor.com finden Sie unter der Rubrik »timetable« Ihre Strecke (alle Unternehmen) und unter der Rubrik »bus.co« die Routen der einzelnen Unternehmen.
- **Zug:** günstig, aber langsam. Regelmäßige Verbindungen zwischen den großen Städten außer Dubrovnik und den meisten Küstenstädten. Fahrpläne und Preise auf www.hzpp.hr.

Beifahrer
müssen mindestens 12 Jahre alt sein.

PARKEN

Gebührenpflichtige Parkplätze gibt es überall an der Küste, selbst in kleinen Städten. Meist teuer – in Parkhäusern wie auch auf Parkplätzen. Der Vorteil der Parkhäuser ist, dass man mit Kreditkarte bezahlen kann.

TANKEN

Die Benzinpreise sind mit Deutschland vergleichbar. Tankstellen gibt es überall auf dem Festland. Achtung, auf den Inseln gibt es weniger.

PROMILLEGRENZE

In Kroatien gilt eine Promillegrenze von 0,5. Nulltoleranz herrscht hingegen für unter 25-Jährige und bei einem Unfall: 0,0 Promille.

GUT ZU WISSEN

- **Beschilderung**
  Autobahnen sind grün gekennzeichnet.
- **Licht**
  Von Ende Oktober bis Ende März muss man in Kroatien auch tagsüber mit Abblendlicht fahren.
- **D-Aufkleber**
  Der Nationalitätenaufkleber mit dem D für Deutschland ist nur auf Fahrzeugen Pflicht, die noch ein altes Kfz-Kennzeichen haben.

STRASSENVERKEHR

STRASSENVERHÄLTNISSE

• Die Straßen sind in gutem Zustand, erfordern aber entlang der Küste eine gewisse Fahrpraxis: Sie sind kurvenreich, zum Teil steil und im Sommer stark befahren, was die Fahrzeit erheblich verlängert. Bitte berücksichtigen Sie dies bei Ihrer Reise.
• Die adriatische Küstenstraße, die »Magistrale«, ist landschaftlich reizvoll, aber sehr befahren. Rechnen Sie mit Staus, vor allem im Sommer. Auf der Autobahn A1, weiter im Landesinneren, kommt man schnell voran.
• Rechnen Sie mit Wartezeit am Grenzübergang nördlich von Dubrovnik.
• Bei starkem Regen werden die kroatischen Straßen rutschig.

GESCHWINDIGKEITS-BEGRENZUNGEN

Innerorts
50 km/h
Auf Landstraßen
90 km/h
Auf Autobahnen
130 km/h

MAUT

Alle Autobahnen sind gebührenpflichtig. Zagreb–Zadar auf der A1 (240 km) kostet beispielsweise 121 kn. Auch für die Benutzung der Brücke zur Insel Krk und des Učka-Tunnels sind Gebühren fällig.

FÄHRVERBINDUNGEN

FÄHREN/FLYING DOLPHINS

Fähren oder Autofähren transportieren auch Fahrzeuge, während **Katamarane,** die auch *flying dolphins* heißen, nur Passagiere mitnehmen.

UNTERNEHMEN

• **Jadrolinija** ist das wichtigste Unternehmen, bei dem Sie Ihr Ticket einige Tage oder sogar Wochen im Voraus auf www.jadrolinija.hr buchen können (im Sommer sollten Sie dies früher tun, vor allem mit einem Auto).
• **Kapetan Luka** und **G&V Line** bieten ebenfalls Überfahrten an. Ohne Reservierung: Kauf 30 Min. vor Abfahrt, in einer Agentur meist nahe der Anlegestelle: www.krilo.hr, www.gv-line.hr

BOARDING

Wenn Sie mit dem Auto anreisen, sollten Sie einen gewissen Puffer einplanen – im Juli und August bis zu 2 Std. auf stark befahrenen Straßen. Nur weil Sie Ihr Ticket gebucht haben, bedeutet das nicht, dass Ihnen ein Platz auf dem Schiff garantiert ist. Sie müssen sich in die Warteschlange einreihen, und wenn es keinen Platz mehr für Ihr Fahrzeug gibt, müssen Sie auf die nächste Fähre warten.

PREISE

• **Split-Stari Grad** (Insel Hvar) 2 Personen mit einem Auto: 404 kn, Dauer: 2 Std.
• **Split-Hvar** (Insel Hvar) mit dem Katamaran für 2 Personen ohne Auto: 220 kn, Dauer: 1.05 Std.

GELD

BARGELDLOS ZAHLEN

• Kreditkarten werden in Hotels und Supermärkten akzeptiert, aber in Privatunterkünften, kleinen Geschäften und den meisten Restaurants kann man meist nur mit Bargeld bezahlen.
• Erkundigen Sie sich jedoch bei Ihrer Bank, welche Gebühren und Kosten für Abhebungen und Zahlungen in Kroatien anfallen.

AUSGABEN

Kroatien ist, vor allem im Sommer, für südosteuropäische Verhältnisse kein billiges Reiseziel Allerdings sind die Preise niedriger als in Deutschland.
• 300–370 kn (40–50 €) für ein Doppelzimmer in einem einheimischen Haus.
• 400–600 kn (54–80 €) in einem guten Hotel in der Zwischensaison.
• 60–110 kn (8–15 €) ein Hauptgericht in einem klassischen Restaurant.
• Besuche: 10–40 kn (1,30–5,40 €) Eintritt in ein Museum.

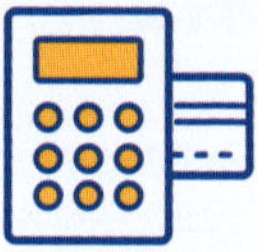

WECHSELKURS

1 € (EUR) = 7,40 kn (HRK)
100 kn (HRK) = 13,30 € (EUR)
Die Kuna ist eine stabile Währung.

IM RESTAURANT

Es wird gewohnheitsmäßig **aufgerundet** (48 kn > 50 kn). **Trinkgeld** ist erwünscht.

IM ALLTAG

ADRESSEN

• Die Namen auf den Straßenschildern können von denen auf dem Stadtplan abweichen. In Zagreb entspricht das Schild *Ulica Pavla Radića* der *Radićeva ulica* oder nur *Radićeva* auf der Karte.
• *bb* hinter einem Straßennamen bedeutet *bez broja*, »ohne Nummer«. Das Gebäude, das Sie suchen, hat keine Hausnummer.

SIESTA

Zwischen 12 und 16 Uhr sind an der Küste, wie es oft am Mittelmeer der Fall ist, die Geschäfte geschlossen.

RAUCHEN

In einigen Bars und Restaurants, die über einen separaten Raum mit Belüftung verfügen, ist das Rauchen möglich.

KLEINER SPRACHFÜHRER UND AUSSPRACHE

Hallo/Guten Abend: dobar dan/dobra večer
Vielen Dank: hvala
Auf Wiedersehen: doviđenja
Bitte: molim vas
Sprechen Sie Deutsch/Englisch?: Govorite li njemački/engleski?

c > ts	Paklenica	Paklenitsa
č, tch und *Ć > tch*	Poreč	Poretch
ž > sch (stimmhaft)	Varaždin	Varajdin
š > sch	Šibenik	Schibenik
s > ss, auch zw. 2 Vokalen	Osijek	Ossiek
đ > dj	doviđenja	dovidjenya
g > gu	Trogir	Troguir
j > i	Opatija	Opatia
r > eur, zw. 2 Konsonanten	Krka	Keurka
u > ou	Korčula	Kortchoula

FESTE UND FEIERTAGE

Neujahr	1. Januar
Dreikönigstag	6. Januar
Ostermontag	(März oder April)
Tag der Arbeit	1. Mai
Nationalfeiertag	30. Mai
Fronleichnam	2. Donnerstag nach Pfingsten
Tag des antifaschistischen Kampfes	22. Juni
Staatsfeiertag	5. August
Mariä Himmelfahrt	15. August
Unabhängigkeitstag	8. Oktober
Allerheiligen	1. November
Weihnachten	25. und 26. Dezember

HOHE FEIERTAGE

Kroatien ist ein sehr katholisches Land. An Ostern und Weihnachten ist alles geschlossen. Nutzen Sie die Gelegenheit, um zu sehen, was in den Kirchen vor sich geht, in denen zu dieser Zeit viel los ist.

FESTE

Im Sommer finden zahlreiche Dorffeste statt. Folklore, Musik, Gastronomie und Geselligkeit stehen auf dem Programm!

TELEFON UND INTERNET

Eine Telefonnummer besteht aus 6 oder 7 Ziffern, denen die Vorwahl vorangestellt ist, die den ersten 2 Ziffern der Postleitzahl plus einer »0« entspricht, außer für Zagreb (01). Innerhalb der gleichen Region wählen Sie die Nummer direkt ohne Vorwahl. Handynummern beginnen mit 09.

00 385 52 515 262

Von Deutschland ins Ausland – Internationale Vorwahl für Kroatien – Rufnummer ohne die 0

052 515 262

Vorwahl – Rufnummer

00 49 1 43 92 19 76

Von Kroatien ins Ausland – Internationale Vorwahl für Deutschland – Rufnummer ohne die 0

GEBÜHREN

Auch wenn Roaminggebühren im EU-Ausland nicht mehr erhoben werden, kann das Herunterladen von Daten schnell ins Geld gehen. Bevor Sie Ihr Limit überschreiten, erhalten Sie in der Regel eine Warnung Ihres Anbieters. Wer im Urlaub viel online unterwegs sein möchte, kann Datenpakete extra erwerben.

BADEN UND ENTSPANNEN

Vučine und Umgebung
Ein goldener Strand vor einem dichten Kiefernwald.

Punta Rata, die Idylle
Traumhafter Kieselstrand mit Schatten spendenden Kiefern.

Pakleni-Inseln, die Verwunschenen
Ein Archipel im glasklaren Meer.

Zlatni Rat
Der berühmte weiße Kieselstrand ist *das* Postkartenmotiv Kroatiens.

Kraljičina Strand, eine Familienoase
Langer, flach abfallender Sandstrand mit Blick auf den Velebit.

Kamenjak, das geschützte Kap
Eine Reihe verlockender Strände und Buchten.

ÖSTERREICH
UNGARN
SLOWENIEN
ZAGREB
SERBIEN
Rijeka
vinj
Pula
S.162
Kap Kamenjak
S.182
Kraljičina Strand
Zadar
BOSNIEN UND HERZEGOWINA
Šibenik
Split
S.104
Punta Rata
S.120
Makarska
S.118
Pakleni-Inseln
Zlatni Rat Strand
Hvar
S.63
ADRIATISCHES MEER
Korčula
Vučine Strand
Dubrovnik
MONTENEGRO
0
50
100 km

WASSERSPORT

SEGELBOOT ODER KATAMARAN

Ein Luxusausflug zu Inseln oder abgelegenen Buchten entlang der Küste: Filovent, www.filovent.com, vermietet Boote mit Skipper.

Von Split aus können Sie u. a. mit Summer Blues segeln: www.summer-blues.com, ✆ 021/33 25 00, Kašićeva 24.

SCHNORCHELN UND TAUCHEN

Das klare Wasser der kroatischen Küste ermöglicht es, die Unterwasserwelt mit Maske und Schnorchel fast überall zu erkunden. Für ein fortgeschrittenes Unterwassererlebnis sollten Sie Flossen und einen Neoprenanzug mitbringen. Die von Split aus zugängliche **Blaue Lagune** ist sehr berühmt. Die **Kornaten** mit ihrer reichen Meeresfauna sind ein großartiges Entdeckerrevier (Rasip-Höhle oder römische Relikte), ebenso wie die Umgebung von **Dubrovnik,** besonders in Richtung Lapad, oder der kleine Strand von Dubovica südlich von **Hvar.**

In Istrien, vor allem zwischen **Rovinj** und **Poreč,** gibt es mehrere Wracks zu entdecken, ebenso wie in **Dubrovnik** oder **Mljet**. Eine Liste der dalmatinischen Tauchzentren finden Sie auf www.ronjenjehrvatska.com, unter der Rubrik »Tauchzentren«. Für einen Ausflug zu den Kornaten bieten sich die Zentren in Murter, Šibenik oder Split an.

SEEKAJAKFAHREN

Das schöne **Rovinj, Split** und vor allem **Dubrovnik** lassen sich auch ohne Erfahrung im Kajakfahren aus einer anderen Perspektive heraus bewundern.

Adriatic Kayak Tours, www.adria tickayaktours.com, ✆ 020/312770, Zrinsko Frankopanska 6, Dubrovnik.

WINDSURFEN

Bol auf der Insel Brač ist wegen des Mistrals von Mai bis August beliebt bei Windsurfern. **Viganj,** auf der Halbinsel Pelješac, ist ebenfalls sehr angesagt. Die Vormittage eignen sich für Anfänger, während die starken Winde am Nachmittag für erfahrene Windsurfer ideal sind. Die Strände im Norden von **Nin** sind ideal für Anfänger.

In Bol: Big Blue Sport, www.bigbluesport.com, ✆ 098/212419, Podan Glavice 2.

WANDERN IN DEN NATIONALPARKS

MLJET, DIE INSELREISE

Erklimmen Sie den kleinen Berg Montokuc und genießen Sie die Aussicht über die Insel Mljet, bevor Sie in einem der Salzwasserseen baden.
Eine Karte des Nationalparks findet man auf www.np-mljet.hr.

PLITVICE, SEEN UND KASKADEN

Wenn Sie Ihre Wanderung am frühen Morgen beginnen, können Sie einen schönen Rundgang machen. Entdecken Sie die Wasserfälle zunächst von unten und wandern Sie dann nach oben, um das Spektakel in einem der schönsten Nationalparks Europas überblicken zu können.
Zahlreiche Tourprogramme gibt es auf www.np-plitvicka-jezera.hr.

PAKLENICA, DER ANSPRUCHSVOLLE

Nicht weit von Zadar entfernt, ist dieser Nationalpark ein echtes Wanderparadies, in einer wunderschönen Umgebung, die bis zum Meer reicht. Es gibt einige Gipfel zu erklimmen, von denen der höchste, der Vaganski Vrh, 1757 m erreicht. Zur Vorbereitung einer Tour ist die Website des Nationalparks hilfreich: www.np-paklenica.hr. Informationen für Wanderer findet man auch unter www.hps.hr/english/velebit-hiking-trail/

NATIONALPARK KRKA

In der Nähe von Šibenik gibt es einige schöne Wanderungen zwischen Seen und Katarakten. Der 2 km lange Weg um den Skradinski-Buk-Wasserfall ist eine der Hauptattraktionen und bietet die Möglichkeit zum Schwimmen. Wunderschön ist die 8,5 km lange Wanderung Stinice–Roški-Slap-Wasserfall–Oziđana-Pećina-Höhle. Karten zum Download findet man unter www.np-krka.hr.

INSELN DER STILLE

Die Kornaten
Eine zerklüftete Schönheit, nur spärlich bewachsen. Die Fischgründe gehören zu den reichsten der Adria.

Hvar
Rekorde bei den Sonnenstunden und Landschaften mit Lavendelfeldern abseits des Trubels.

Mljet
Entspannung im großen, warmen Salzwassersee mit Blick auf das Benediktinerkloster.

Lokrum
Ein kleines Juwel mit Pinien und Zypressen, nur 10 Min. per Boot von Dubrovnik entfernt.

ÖSTERREICH
UNGARN
SLOWENIEN
ZAGREB
SERBIEN
Rijeka
vinj
Pula
BOSNIEN UND
HERZEGOWINA
Zadar
S.182
Kornaten
Šibenik
Split
Makarska
S.108
ADRIATISCHES
MEER
Hvar
Korčula
S.60
Mljet
S.58
Lokrum
Dubrovnik
MONTENEGRO
0
50
100 km

KROATISCHE SPEZIALITÄTEN

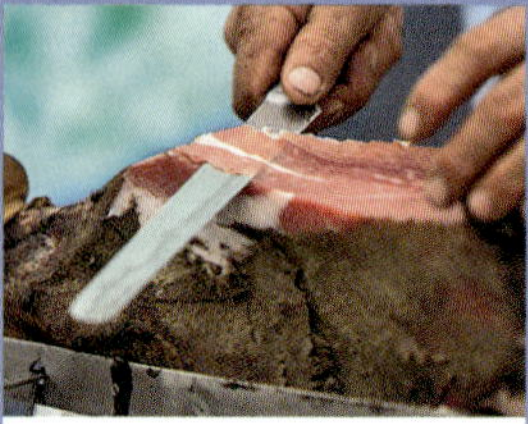

Prsut
Luftgetrockneter Schinken, Vorspeise.

Paški Sir
Schafskäse von der Insel Pag.

Pašticada
Rinderschmorbraten. Die Kroaten essen viel Fleisch.

Ćevapčići-Sandwich
Gegrilltes Hackfleisch, Zwiebeln und Paprika.

Crni Rižot
Risotto mit Tintenfischtinte. Italien in Istrien!

Lignje (Tintenfisch)
Gegrillt oder gebraten, überall an der Küste.

Gregada
Die lokale Bouillabaisse.

Štrukli
Süßes oder herzhaftes Gebäck, oft mit Käse.

Peka mit Fleisch
Langsam gegart, um die Aromen zu erhalten.

MARJAN
Split *(S. 86)*

Bekanntes und beliebtes, familiengeführtes Restarant. Superfrischer gegrillter Fisch, marinierte Sardinen und **Meeresfrüchte**.

KONOBA NOSTALGIJA
Šibenik *(S. 95)*

»Moderne Küche, die ausschließlich mit **lokalen und saisonalen Produkten** auskommt. Bekannt für einen mehr als herzlichen Empfang!«

RESTAURANT PERLICA
Klis *(S. 100)*

Spezialität ist am Spieß gebratenes Lammfleisch und **in der Peka zubereitete Gerichte**.

LA ŠTRUK
Zagreb *(S. 132)*

Süße oder herzhafte **Štrukli** – eine lokale Spezialität, die Sie unbedingt probieren sollten!

MUNDOAKA
Zagreb *(S. 137)*

»Kroatische Küche mit Gewürzen aus der ganzen Welt. Die Speisekarten wechseln je nach Saison. Gute Auswahl an Weinen.«

HOOK & COOK
Pula *(S. 159)*

»Eine gelungene Kombination aus nachhaltigem Fischfang und **kreativer Küche**. Es wird zubereitet, was die beiden Besitzer gefangen haben.«

HARBOR
Zadar *(S. 178)*

»Ausgezeichnete Auswahl an **traditionellen Gerichten**, die neu interpretiert werden. Cocktails und eine sehr schöne Aussicht.«

WEINROUTEN

GESCHICHTE DES WEINS

Wein wird in Kroatien schon seit Jahrhunderten angebaut, der Krieg hat die Produktion aber gebremst und die Weitergabe des Know-hows behindert. Doch jetzt feiert der Weinbau eine bemerkenswerte Renaissance, vor allem auf der **Halbinsel Pelješac**, in Süddalmatien und in **Istrien**.

ENTLANG DER HALBINSEL PELJEŠAC

Route: Die Straße von Mali Ston nach Orebić führt durch eine schöne Weinlandschaft mit weißen Felsblöcken am Fuße der Rebstöcke.

Hauptrebsorte: Hier wächst vor allem die Plavac-Mali-Traube, eine alte, autochthone Rebsorte.

Verkostung und Kauf: Entlang der Straße sind mehrere Weingüter ausgeschildert, insbesondere in **Potomje**. Machen Sie z. B. halt bei Matuško Vina, um die Weinkeller zu besichtigen und die Tropfen zu verkosten, die aus der berühmten Rebsorte Plavac Mali gekeltert werden, die im Anbaugebiet Dingač gedeiht.

Matuško Vina: Potomje 5, www.matusko-vina.hr, ✆ 020/742399 oder ✆ 098/425676, 8–20 Uhr.

ISTRIEN, DIE NEUE TOSKANA

Route: Von Poreč über Momjan bis Motovun ist der westliche und nordwestliche Teil Istriens ein ideales Gebiet, um den Reichtum der Weinproduktion zu erkunden.

Hauptrebsorte: Die Region ist berühmt für Malvazija, die weiße kroatische Rebsorte schlechthin.

Verkostung und Kauf: Vinistra, eine internationale Weinmesse auch mit lokalen Winzern, findet Mitte Mai in Poreč statt. In **Vižinada** können Sie die Weine von Geržinić probieren, wo auch hervorragende Olivenöle hergestellt werden.

Geržinić: Ohnići 9, Anmeldung: ✆ 052/446285, www.gerzinic.com

ÖSTERREICH
UNGARN
SLOWENIEN
ZAGREB
SERBIEN
Rijeka
Istrien
S.150
vinj
Pula
BOSNIEN UND
HERZEGOWINA
Zadar
Šibenik
Split
Makarska
Halbinsel Pelješac
ADRIATISCHES
MEER
Hvar
S.62
Korčula
Dubrovnik
MONTENEGRO
0
50
100 km

EIN WENIG GESCHICHTE

284 | **Ein römischer Kaiser in Kroatien**

Diokletian, ein Befehlshaber des Heeres aus der Provinz Illyrien, wird römischer Kaiser. Der Diokletianspalast ist das Juwel von Split.

Anfang des 7. Jhs. **Der Ursprung**

Slawen und Awaren besiedeln zu Zeiten der Völkerwanderung das Gebiet des heutigen Kroatiens.

925 | **Der erste kroatische König**

Tomislav gründet das Königreich Kroatien. Unzählige Straßen sind nach ihm benannt. Sein Reiterstandbild steht in Zagreb.

1102 | **Ungarische Herrschaft**

Kroatien verbündet sich mit den Ungarn. Bis zum Jahr 1918 ist Kroatien ein Land der ungarischen Krone.

1409 **Republik Venedig**

Venedig kauft dem ungarischen König Ladislaus von Neapel Dalmatien für 100 000 Dukaten ab. Die venezianische Herrschaft, die seit dem Jahr 1000 bestand, geht an der Küste und auf den Inseln 1797 zu Ende. In Dalmatien bleibt nur Ragusa (Dubrovnik) unabhängig.

16./17. Jh. | Bastion des Christentums

Kroatien wird wiederholt vom Osmanischen Reich angegriffen, bildet aber ein Bollwerk gegen den türkischen Vormarsch nach Westen.

1918 Das Königreich

Ausrufung des Königreichs der Serben, Kroaten und Slowenen. Alexander I. ändert den Namen 1929 in Königreich Jugoslawien.

1945 Josip Broz Tito

Nach dem Zweiten Weltkrieg wird Kroatien Teil des kommunistischen Jugoslawiens von Marschall Tito.

1980 Tod Titos

Nach dem Tod Titos rotieren verfassungsgemäß die Vorsitzenden im kollektiven Staatspräsidium Jugoslawiens.

1991 | Unabhängigkeitserklärung

Die Geburt einer Nation. Es folgen die Jahre des Unabhängigkeitskrieges, die noch in lebhafter Erinnerung sind.

1. Juli 2013 EU-Beitritt

Kroatien wird 28. Mitglied der Europäischen Union.

TRADITIONELLE FESTE – LEBENDIGE ATMOSPHÄRE

Ostern

Die Prozessionen in der Karwoche und die Osterfeierlichkeiten sind in diesem stark katholischen Land sehr wichtig. Am Karfreitag finden große Prozessionen in traditioneller Kleidung statt, und die Kirchen sind überfüllt. Am Ostermontag ist alles geschlossen.

Moreška

Dieser traditionelle Tanz mit Schwertern und glitzernden Kostümen erzählt vom Kampf der Christen gegen die Muslime, um die von den Osmanen gefangene Verlobte des Königs zu befreien. In Korčula wird traditionell am 29. Juli, dem Tag des Heiligen Theodors, gefeiert. Von Juni bis September gibt es wöchentliche Aufführungen für Touristen.

Sommerfestival von Dubrovnik

Das renommierteste kroatische Festival findet fünf Wochen lang im Juli und August innerhalb der Stadtmauern von Dubrovnik statt. Es gibt klassische Konzerte und Theatervorstellungen an verschiedenen Orten in der Altstadt, u. a. im Atrium des Rektorenpalasts. www.dubrovnik-festival.hr

Karneval von Rijeka
Von Mitte Januar bis Anfang März (je nach Jahr) lebt Rijeka im Rhythmus eines der größten Karnevale in Europa. Die Übergabe der Stadtschlüssel an die Narren und die Wahl der Königin eröffnen die Feierlichkeiten. Die »fünfte Jahreszeit«, wie die Einheimischen sie nennen, endet mit einem großen Umzug und der Verbrennung einer Strohpuppe. www.rijecki-karneval.hr

Hvar, das Saint-Tropez der Adria
Sehr beliebte After-Beach-Partys des Jetset.
Novalja, das kroatische Ibiza
Auf der Insel Pag ist der Strand von Zrće, in der Nähe von Novalja, ein Paradies für alle, die Clubs lieben. International bekannte DJs.
Ultra Europe Eines der größten Elektrofestivals der Welt beginnt in Split und erreicht im Juli Brač, Hvar und Vis. www.ultraeurope.com

Die Nächte
Split, eine Studentenstadt, hat ein cooles Nachtleben mit den dazugehörigen Bars und Clubs. **Zagreb** bietet für jeden etwas – von Jazzclubs bis zu Diskotheken.

REICHE ARCHITEKTUR

RÖMISCHE RELIKTE

Der **Diokletianpalast** in Split ist eines der größten und am besten erhaltenen römischen Bauwerke der Welt. Das **Amphitheater in Pula** ist neben anderen antiken Relikten (Tempel, Kolonnaden, Foren usw.) ebenfalls sehr gut erhalten.

ORIENTALISCHER EINFLUSS

Bevor Kroatien den Osmanen erbitterten Widerstand leistete, war es orientalisch beeinflusst, wie der runde Grundriss der **Kirche des Heiligen Donatus in Zadar** und die Mosaiken der **Basilika in Poreč**, einem Meisterwerk der byzantinischen Kunst, bezeugen.

ÖSTERREICHISCH-UNGARISCHE SPUREN

In der **Unterstadt von Zagreb** hat die österreichisch-ungarische Herrschaft mit ihren weiten Räumen und imposanten Monumenten ihre Spuren in der Architektur hinterlassen. Das **Nationaltheater** hat einen unverwechselbaren wienerischen Stil.

VENEZIANISCHE PRANKE

Der venezianische Löwe, der vor allem in Istrien zu sehen ist, zeugt von der jahrhundertelangen Herrschaft der Venezianer über die Küste und die Inseln. In **Rovinj** wurde sogar der Glockenturm der Kathedrale nach dem Vorbild des Glockenturms auf dem Markusplatz errichtet.

FESTUNGSANLAGEN

**Dubrovnik,
beispielhafte Militärarchitektur**
Die Einfriedung ist 1940 m lang, stellenweise 25 m hoch, auf der Landseite 4–6 m dick und durch eine Außenmauer mit Graben und Bastionen verstärkt. Türme und die Festung St.-Jean schützen die Seeseite, die Festungen Revelin und Lovrijenac außerhalb der Mauern verstärken das Verteidigungssystem *(S. 50)*.

Die Chinesische Mauer in Miniaturform
Die W-förmige **Große Mauer von Ston** ist die längste Festungsanlage in Europa. Sie erstreckt sich auf einer Länge von 5 km zwischen Ston und Mali Ston auf der Halbinsel Peljesac. Erbaut wurde die Mauer im 14. und 15. Jh. zur Abwehr der osmanischen Invasoren und umfasste 40 Türme und fünf Festungen, von denen einige noch erhalten sind *(S. 63)*.

Korčula, die erhaltene Festung
Die Stadt, die bis heute intakt geblieben ist, wurde im 13. Jh. von den Venezianern erbaut, um mit dem damals unabhängigen Ragusa (heute Dubrovnik) zu konkurrieren. Auf einer Landzunge am Meer erbaut, beherrscht sie mit ihrer von Türmen und Bastionen durchsetzten Stadtmauer die Adria *(S. 66)*.

Der römische Palast

Der **Diokletianspalast in Split**, der Anfang des 4. Jhs. erbaut wurde, war 215 m lang, 180 m breit und hatte zehn Wehrtürme, von denen drei erhalten sind. Der Palast war teilweise durchaus komfortabel eingerichtet, was ihn zu einem sehr angenehmen Sitz für den Kaiser machte *(S. 78)*.

Eine venezianische Bastion

Motovun dominiert das Tal von seinem Hügel im Norden Istriens. Umgeben von zwei Reihen kreisförmiger Mauern, die auf zwei Ebenen angeordnet sind, war die kleine Stadt mehrere Jahrhunderte lang eine venezianische Festung *(S. 150)*.

Stolzes Klis

Östlich von Split überragt die Festung von Klis von einem Hügel aus stolz die umliegende Landschaft. Als strategisch wichtiger Ort zwischen dem dalmatinischen Binnenland und der Küste wurde sie zum Symbol des Widerstands gegen die Osmanen *(S. 100)*.

FILMKULISSEN FÜR *GAME OF THRONES*

Festung Lovrijenac
Die mächtigen Mauern der Festung Lovrijenac *(S. 58)* in Dubrovnik bildeten ab Staffel 2 die Kulisse für die meisten Szenen in Königsmund. Außerdem ist die Stadt voll von Winkeln und Ecken, die in der Serie zu sehen waren, wie der Minčeta-Turm oder das Atrium des Rektorenpalastes *(S. 52)*.

Das Arboretum von Trsteno
Das Renaissance-Arboretum nördlich von Dubrovnik wird zum großen Garten des Roten Bergfrieds in *Game of Thrones.* Ein himmlischer Ort, an dem mehrere Verschwörungen ausgebrütet werden *(S. 62)*.

Die Festung von Klis
Die imposante Bastion, die auf ihrem felsigen Ausläufer die Umgebung beherrscht, wird in der Serie zur Stadt Meereen. Auf seinem chaotischen Weg entdeckt Daenerys die Kreuzigung der Sklaven *(S. 100)*.

Im Diokletianpalast
Der kaiserliche Herrschersitz in Split dient als Daenerys' Thronsaal. Der Keller ist in der Serie die Katakombe für ihre Drachen *(S. 78)*.

AUF DEN SPUREN VON *GOT*

In Dubrovnik ist die *Game-of-Thrones*-Dubrovnik-Tour sehr beliebt: www.game-of-thrones-dubrovnik-tour.com, ✆ 098/175 17 75.

In Split ist die *Game-of-Thrones*-Tour teurer, beinhaltet aber Verpflegung und Transport zwischen den Drehorten: www.gameofthronestourcroatia.com, ✆ 092/374 15 45 oder 021/77 37 07.

DUBROVNIK — KORČULA — SPLIT — ŠIBENIK — MAKARSKA-RIVIERA — HVAR — DUBROVNIK

VON DUBROVNIK ÜBER SPLIT UND DIE INSELN NACH HVAR

TOUR 1

Trauminseln und kultige Städte: das Beste von Dalmatien in sechs Etappen.

1 Dubrovnik

Eine Perle am azurblauen Meer
2 Tage

2 Korčula

Die Heimat von Marco Polo
1–2 Tage

3 Split

Historisch und lebhaft
2–3 Tage

4 Šibenik und Krka

Stopp vor dem Nationalpark Krka
1–2 Tage

5 Makarska-Riviera

Unten am Meer und nah an den Bergen
1 Tag

6 Hvar

Jetset und Lavendel
2–3 Tage

zwei Tagesausflüge

- **Von Dubrovnik aus**: Mljet
- **Von Hvar aus**: Bol auf Brač

ETAPPE 1 DUBROVNIK

VOM FLUGHAFEN INS STADTZENTRUM

Bus: Verkehrt bei Ankunft von internationalen Flügen. Die Fahrt zum Busbahnhof dauert 30 Min., Halt am Pile-Tor. Das Ticket kann im Bus gekauft werden.
Taxi: Die Fahrer schalten das Taxameter ein und verhandeln nicht über Preise.

FORTBEWEGUNG IN DER ALTSTADT

Die Altstadt ist Fußgängerzone. Die Parkhäuser am Pile-Tor und in der Ul. Zagrebačka sind sehr teuer. Weiter weg vom Zentrum wird es günstiger. Der Hafen Gruž ist eine gute Alternative: 2,5 km von der Altstadt entfernt (Buslinien 1, 3, 7 und 8; kostenlos mit der Dubrovnik Card).

BESICHTIGUNG

Wir haben Dubrovnik in zwei Teile aufgeteilt:
1. Innerhalb der Festungsmauern (Altstadt)
2. Außerhalb der Stadtmauern

Ein Spaziergang durch die Altstadt dauert nur etwa 10 Min.

DUBROVNIK CARD

Erhältlich für 1, 3 oder 7 Tage. Lohnt sich für 1 Tag, wenn man die Festungsmauern und das Museum besucht. Billiger im Internet: www.dubrovnikcard.com

SOMMERFESTIVAL VON DUBROVNIK

Die älteste und berühmteste Festival des Landes. Zwischen Juli und August finden fünf Wochen lang klassische Konzerte innerhalb der Stadtmauern statt.

NÜTZLICHE ADRESSEN

Touristeninfo in der Altstadt: gegenüber dem Pile-Tor (Brsalje, 5). www.tzdubrovnik.hr

SPLIT
Fährenleger
GRUŽ
Markt
Gruška obala
Jadranska Turistička cesta
A. Hebranga
Od Gaja
Imatinska
Od Batale
Sv. Mihajla
Ivavojnovića
Dr. V. Mačeka
Dr. A. Starčevića
Od Montovjerne
Iva Vojnovića
Josipa Kosora
P. Čingrije
Gornji kono
V. Nazora
Zagrebačka
BONINOVO
PILE
GRADAC
Festung Lovrijenac
DUBROVNIK
PLOČE
Banje Strand
Put Bosanke
Museum of Modern Art
A. Topica Mimare
BOSANKA
CAVTAT, Čilipi
V. Bukovca
Srđ
408 m
Museum Fort Imperial
Téléphérique
2 Außerhalb der Festungsmauern
1 Innerhalb der Festungsmauern
Sveti Jakov
CAVTAT
Fort Royal
Botanischer Garten
LOKRUM
Portoč
Benediktinerkloster
»Totes Meer«
ADRIATISCHES MEER
500 m

DUBROVNIK 1 INNERHALB DER FESTUNGSMAUERN

»Für alles Gold dieser Welt werden wir unsere Freiheit nicht verkaufen.« Der Leitspruch der Perle der Adria bekommt von den mächtigen Mauern aus seine volle Bedeutung.

HIGHLIGHTS	RESTAURANTS	AUSGEHEN
A Festungsmauern	1 Preša	9 Café Buža
B Placa	2 Lady Pi-Pi	10 Place Bunićeva
C Franziskanerkloster	3 Restaurant 360°	11 Caffé bar Libertina
D Luža-Platz	4 Taj Mahal	12 D'Vino Wine Bar
E Rektorenpalast	5 Buffet Kamenice	13 Revelin
F Kathedrale	6 Nishta	
G Festung St. Ivana	7 Lokanda Peskarija	
H Seekajakfahren	8 Proto	

TOUR 1
Fort Minčeta
Put Petra Krešimira IV
Grada
Put Iza
Festungsmauern
Franziskaner-kloster
War Photo Limited
Pile-Tor
Fort Revelin
Festungsmauern
Dominikaner-kloster
Ploče-Tor
Luke-Turm
Sponza-Palast
Synagoge
Rolandsäule
PLACA (STRADUN)
POLJANA P. MILIČEVIĆA
LUŽA
LUŽA-PLATZ
Wach-turm
sv. Vlaho
Hafen
RIBARNICA
Fort Bokar
Rektorenpalast
Festung St. Ivana
PONTA
GUNDULIĆEVA POLJANA
PRED DVOROM
BUNIĆEVA POLJANA
POLJANA MARINA DRŽIĆA
Kathedrale
Kneza Damjana Jude
Ethnografisches Museum
Strossmayerova
POLJANA R. BOŠKOVIĆA
Crkva sv. Marije od Kaštela
Peter-bastion
Margareta-festung
Festungsmauern
50 m

DUBROVNIK HIGHLIGHTS

1 INNERHALB DER FESTUNGSMAUERN

A FESTUNGSMAUERN

Pile- oder Ploče-Tor | Eintritt

Ideal, um sich Dubrovnik anzunähern. Der beste Aussichtspunkt: die Festung Minčeta. Morgens ist die beste Zeit für die Tour, weil es dann nicht so heiß ist. Planen Sie 2 Std. ein.

B PLACA

Die **Hauptstraße**, Lebensader der Altstadt, auch Stradun genannt, war einst ein Meeresarm. Auf der Pile-Seite versorgte der Onofrio-Brunnen im 15. Jh. die Stadt mit Wasser.

C FRANZISKANERKLOSTER

Placa 2 | Eintritt

Im 14. Jh. erbaut und ein schönes Beispiel für romanische und barocke Kunst. Der Kreuzgang ist bewundernswert und bietet einen kühlen Rückzugsort von der Hektik der Placa.

D LUŽA-PLATZ

Luža

Das politische Herz der Stadt: Von der Rolandsäule aus wurden Dekrete verkündet, die Glocken des Uhrturms meldeten Gefahren, der Sponza-Palast beherbergte die Zollbehörden.

E REKTOREN-PALAST

Pred Dvorom 3 | Eintritt Museum

Diente dem Gouverneur der Stadt als Residenz. Kunstvolle Fassaden (Renaissance und Barock) und ein schöner Innenhof. Im ersten Stock befindet sich das **Stadtmuseum**.

F KATHEDRALE

Kneza Damjana Jude 1 | Eintritt Schatzkammer

Die riesige Kuppel ist schon von Weitem zu sehen. Schöne Barockfassade. In der Schatzkammer befinden sich die berühmten Reliquien des Heiligen Blasius, des Schutzpatrons der Stadt.

G FESTUNG ST. IVANA

Museum So geschl. | Eintritt

Die Festung beherbergt ein **Aquarium** und vor allem das **Schifffahrtsmuseum** – ein Muss für jeden, der verstehen will, wie die Macht dieses Stadtstaates durch das Meer begründet wurde.

H SEEKAJAKFAHREN

www.adriatickayaktours.com | Zrinsko Frankopanska 6

Entdecken Sie von einem Seekajak aus die andere Seite des adriatischen Juwels.

 Die jeweiligen Öffnungszeiten finden Sie im Register ab S. 188.

DUBROVNIK RESTAURANTS

1 INNERHALB DER FESTUNGSMAUERN

1 PREŠA

• *Ćevapčići* (Hackfleischröllchen) im Sandwich auf die Hand, zentral.
Đorđićeva 2 | tgl. 10–24 Uhr

2 LADY PI-PI

• Fleisch oder Fisch über dem Holzfeuer gegrillt.
• Schöne Aussicht auf die Stadt.
Antuninska 23 (man muss Treppen steigen) | keine Reservierungen | tgl. mittags und abends

3 RESTAURANT 360°

• Gastronomie für ein außergewöhnliches Abendessen.
• An der Stadtmauer mit Blick auf den alten Hafen.
Svetog Dominika bb | nur abends | Reservierung © 020/ 32 22 22

4 TAJ MAHAL

• Bosnische Spezialitäten, vor allem Kalbfleisch.
Nikole Gučetića 2 | tgl. 10–24 Uhr

5 BUFFET KAMENICE

• Frittiertes und Meeresfrüchte mit *buzzara* (scharfe Soße).
• Beliebtes Restaurant im Zentrum mit günstigen Preisen.
Gundulićeva Poljana 8 | tgl. 9–24 Uhr

6 NISHTA

• Eine vegetarische Enklave im Reich der Fleischliebhaber.
• Frische, bunte und originelle Küche.
Prijeko bb | Mo–Sa 11.30–23.30 Uhr

7 LOKANDA PESKARIJA

• Tintenfisch und andere Meeresfrüchte.
• Große Terrasse über dem alten Hafen
Na ponti bb | tgl. 11–24 Uhr

8 PROTO

• Zweifellos das beste Fischrestaurant der Stadt.
• Schöne Terrasse im ersten Stock.
Široka 1 | tgl. 12–23 Uhr

TOUR 1

DUBROVNIK AUSGEHEN

1 INNERHALB DER FESTUNGSMAUERN

9 CAFÉ BUŽA

- Erstklassige Lage, versteckt am Fuß der Stadtmauern.
- Bademöglichkeit.

Crijevićeva 9 (dem Schild »Cold drinks« folgen) | tgl. 9–24 Uhr

10 PLACE BUNIĆEVA

- Jazz- und Rockbars an einem kleinen Platz. Nachts ist hier viel los.
- Ab und an gibt es Livekonzerte.

Bunićeva poljana

11 CAFFÉ BAR LIBERTINA

- Die Bar wird von Einheimischen besucht.
- Authentische Atmosphäre, günstige Preise.

Zlatarska 3 | Sommer tgl. 8–24 Uhr

12 D'VINO WINE BAR

- Verkostung kroatischer Weine.
- Das Personal ist sehr hilfsbereit.

Palmotićeva 4a | tgl. 10–24 Uhr oder länger

13 REVELIN

- Am Fuß der Festung Revelin, Terrasse mit Blick auf den Hafen

Svetog Dominika 3 | Terrasse tgl., Club Fr, Sa 23–6 Uhr

DUBROVNIK 2 AUSSERHALB DER FESTUNGSMAUERN

Wenn Sie sich von den Menschenmassen entfernen und einen Schritt zurücktreten, können Sie das schöne Dubrovnik aus einer anderen Perspektive sehen.

HIGHLIGHTS	ADRESSEN
A Festung Lovrijenac	1 Nautika
B Srđ	2 Ala Mizerija
C Sveti Jakov Strand	3 Lacroma Restaurant
D Lokrum	

TOUR 1
SPLIT
Gruška obala
Jadranska Turistička cesta
Fähranleger
A. Hebranga
Od Gaja
GRUŽ
Markt
Dalmatinska
Od Batale
Od Sv. Mihajla
Ivavojnovića
Dr. V. Mačeka
Dr. A. Starčevića
Gornji-kono
Od Montovjerne
Iva Vojnovića
Josipa Kosora
Lichtensteinov put
P. Čingrije
V. Nazora
Zagrebačka
Museum Fort Imperial
Srđ
408 m
Téléphérique
BOSANKA
CAVTAT, Čilipi
Put Bosanke
A. Topica Mimare
BONINOVO
PILE
GRADAC
PLOČE
Museum of Modern Art
Festung Lovrijenac
DUBROVNIK
Banje Strand
V. Bukovca
Sveti Jakov
CAVTAT
Fort Royal
Botanischer Garten
LOKRUM
Portoč
Benediktinerkloster
»Totes Meer«
ADRIATISCHES MEER
500 m

DUBROVNIK HIGHLIGHTS & ADRESSEN

2 AUSSERHALB DER FESTUNGSMAUERN

A FESTUNG LOVRIJENAC

Treppe vom Hafen Pile

Für die Fans von *Game of Thrones.* Auch alle anderen werden nicht enttäuscht sein, denn hier hat man abseits der Menschenmassen einen der schönsten Ausblicke auf die Festungsmauern.

B SRĐ

Fahrt mit der Seilbahn, Petra Krešimara IV, Nr. 10 | Eintritt

Ein toller Aussichtspunkt, 412 m hoch über dem Meer, um Dubrovnik und seine Beziehung zum Meer zu verstehen. Die Seilbahn, nicht weit vom Ploče-Tor entfernt, bringt Sie schnell dorthin.

C SVETI JAKOV STRAND

Bus 5

Schöner, kleiner Sandstrand, 3 km südlich der Altstadt, touristisch, aber weniger überlaufen als der nahe gelegene Strand von Banje. Schöne Aussicht auf Lokrum.

D LOKRUM

Kostenpflichtige Überfahrt (10 Min. vom alten Hafen).

Entspannung in grüner Natur zwischen, Kiefern, Zypressen und Lorbeer. In Bächen oder dem See, der als »Totes Meer« bekannt ist, kann man baden.

1 NAUTIKA

- Großartiges kulinarisches Erlebnis, aufmerksamer Service.
- Tolle Lage mit Blick auf die Stadtmauern.

Brsalje 3 | tgl. 18–24 Uhr | Reservierung © 020/44 25 26

2 ALA MIZERIJA

- Serviert werden Snacks.
- Ideale Lage, vor einem Mini-Strand, am Fuße der Festung Lovrijenac.

Od Kolorine, Šulić Strand | tgl. 9–22 Uhr

3 LACROMA RESTAURANT

- Sicherlich die beste Option auf der Insel.
- Klassisches Mittagessen in angenehmer Umgebung.

Lokrum bb, südl. des Benediktinerklosters | tgl. 9–20 Uhr

TOUR
1

TAGESAUSFLUG VON DUBROVNIK

MLJET

NATIONALPARK UND SEEN

- **Mit dem Katamaran, Verbindungen Dubrovnik (Hafen von Gruž)–Polače mit G&V Line (www.gv-line.hr)**
- **Abfahrt tgl. 9:15 Uhr (Di, Do z. T. 8 Uhr), Rückfahrt 16:55 Uhr. Dauer: 1.45 Std.**

DER ORT

Sehenswert: der gesamte Westen der Insel, der als Nationalpark ausgewiesen ist, und vor allem die Seen.
www.mljet.hr oder www.np-mljet.hr/en
April–Okt. 8–20 Uhr, im Eintrittspreis inbegriffen sind der Transport zu dem großen See und die Bootsfahrt auf die Marieninsel. Verpflegung ist im Park erhältlich.

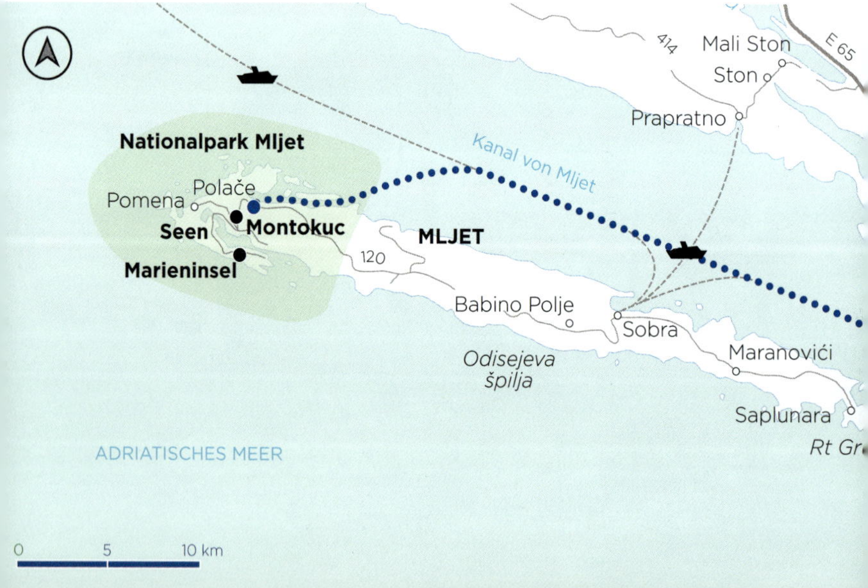

TOUR 1

MARIENINSEL

Das Wahrzeichen des Nationalparks, die kleine Insel mit ihrem Benediktinerkloster aus dem 12. Jh., liegt im großen See (Veliko Jezero). Die Silhouette und die Spiritualität des Ortes sind faszinierend.

DIE SEEN

Die beiden von dichtem Grün umgebenen Salzwasserseen sind eine wunderschöne geologische Kuriosität. Man kann in ihnen baden, das Wasser ist im Sommer bis zu 30 °C warm.

MONTOKUC

Die Wanderung zum Gipfel des Montokuc (253 m) führt über Waldwege dieser grünen Insel und bietet ein außergewöhnliches Panorama.

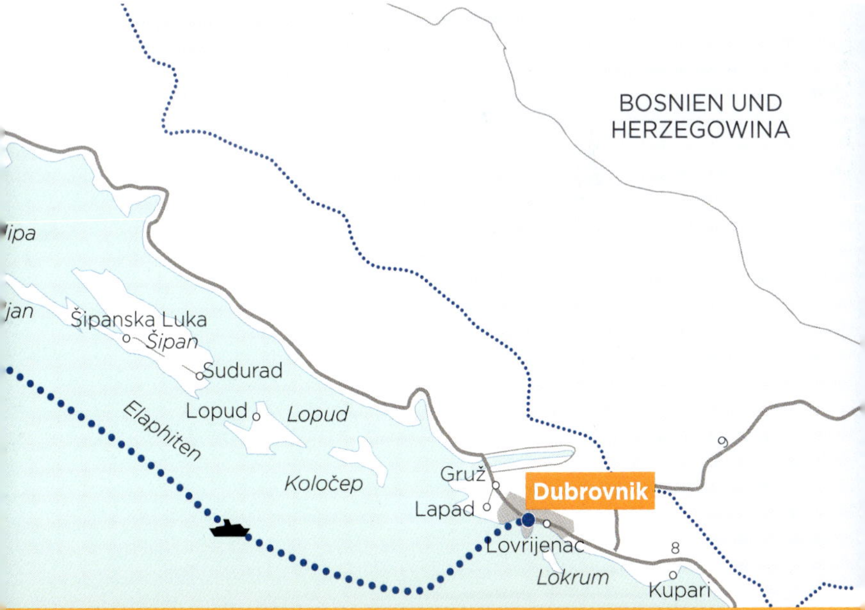

VON DUBROVNIK NACH KORČULA

- **Dauer: 2.40 Std. Fähre Orebić-Dominče (Korčula) stündl. oder alle 90 Min. von 4–22 Uhr**
- **Ohne Auto: im Sommer einige direkte Katamarane ab Dubrovnik mit Kapetan Luka, G&V Line und Jadrolinjia**

ARBORETUM VON TRSTENO

Eintritt

Eine Oase der Ruhe mit einer Vielzahl exotischer und mediterraner Arten. Der Klang des wunderschönen Neptunbrunnens trägt zum Charme des Ortes bei.

MALI STON

Die **Halbinsel Peljesač** ist berühmt für den Weinanbau und die Austern- und Salzproduktion. Wer die Austern von Mali Ston probiert hat, kann danach noch die älteste Saline Europas besuchen.

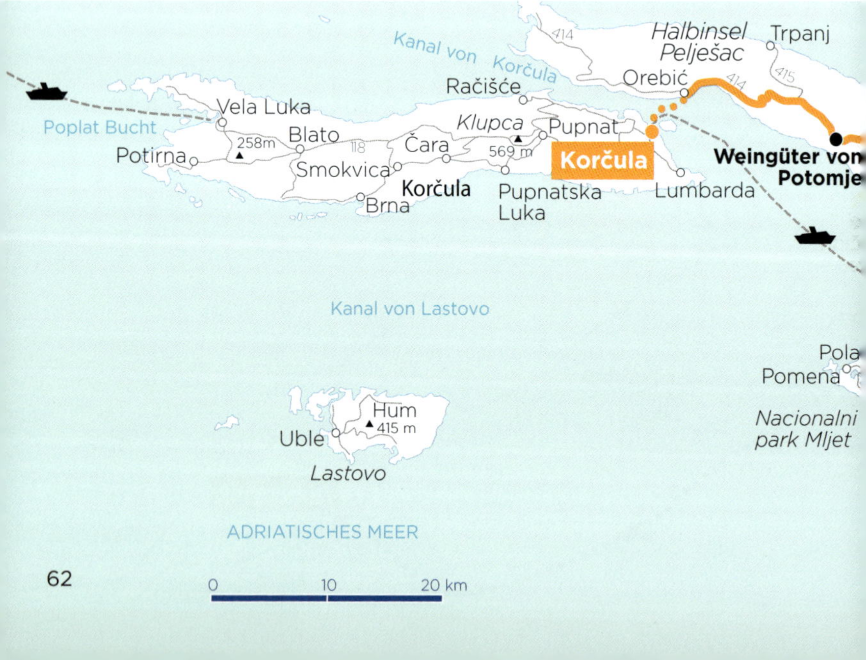

TOUR 1

GROSSE MAUER VON STON
Eintritt

Die längste Festungsanlage Europas verbindet Ston und Mali Ston. Man kann von beiden Orten aus auf ihr spazieren gehen.

VUČINE STRAND

In der Bucht von Žuljana liegt der große Strand, der als einer der schönsten der Adria gilt.

WEINGÜTER VON POTOMJE

Die gesamte Halbinsel wird bewirtschaftet, aber die meisten Weingüter befinden sich in Potomje. Der Dingač ist eine besondere Kostprobe wert.

ETAPPE 2 KORČULA

UNTERWEGS

- Die Altstadt von Korčula, der Hauptstadt der Insel, ist Fußgängerzone.
- Auf dem Rest der Insel bewegt man sich am leichtesten mit dem Auto fort.
- Die Autotrans-Busse fahren die wichtigsten Städte an: www.autotrans.hr

TOURISTENINFO

- Am Hafen von Dominče und Vela Luka sowie in Smokvica.
- **Fremdenverkehrsbüro**: Obala dr. Franje Tuđmana 4, www.visitkorcula.eu

2 Korčula, die gesamte Insel

TOUR 1

FESTIVAL VON MOREŠKA

Spektakulärer traditioneller Schwerttanz. Aufführung am 29. Juli, dem Tag des heiligen Theodor, und im Sommer wöchentlich im Freiluftkino in der Altstadt von Korčula.

KARWOCHE

Besonders bemerkenswert in der Woche vor Ostern: die religiösen Prozessionen in traditionellen Kostümen auf Korčula.

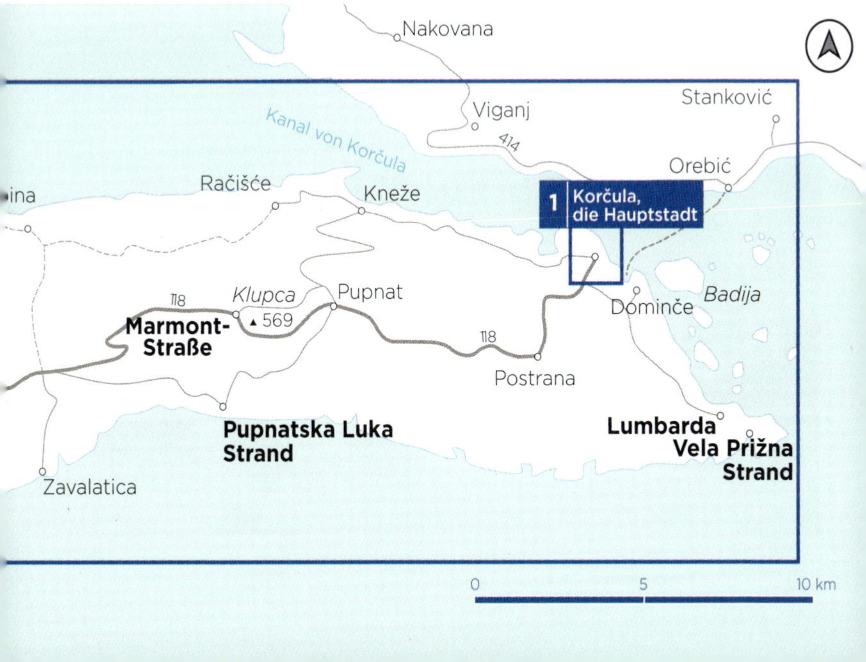

KORČULA 1 DIE HAUPTSTADT DER INSEL

Der erstaunliche und geniale Grundriss der Stadt Korčula, der einem Fischskelett gleicht, ist allein schon einen Besuch auf der Insel wert.

HIGHLIGHTS	ADRESSEN
A Altstadt	1 Fish'N'Go
B Kathedrale des hl. Markus	2 Cukarin
C Schatzkammer	3 Konoba Adio Mare
D Stadtmuseum	4 LD Restaurant
E Marco-Polo-Haus	5 Massimo
	6 Wine bar Bokar

TOUR 1
ALTSTADT
Marco-Polo-Haus
Kathedrale des hl. Markus
Palais Arneri
TRG SV. MARKA
Schatzkammer
Stadtmuseum
Rathaus
Revelin-Turm
St. Michael Kirche
Allerheiligen-Kirche
TRG KRALJA TOMISLAVA
TRG SV. JUSTINE
Marco-Polo-Museum
Španićeva ul.
A. Rozanovića
Ul. don L. Depola
Ul. Sv. Roka
Ul. korčul. bratovština
Ul. L. Tolentića
Ul. Dr. Foretića
Ul. Depolo
Sv. Barbare
Ul. Rafa Arnerija
Ul. don Pavla
Ul. dr. Miroševića
Ul. Kalafata
Ul. Ismaelli
Ul. Giunio
Ul. M. Andrijića
Ul. od teatra
Ul. Baničevića
Žitnica
Ul. don I. Matijaca
Korc. statuta 1214
Obala dr. F. Tu-dmana
Šetalište Petra Kanavelića
Foša
Rampada
Plokata 19 Travjna 1921
Zajednice
Bratske
Hrvatske
Prolaz iza punte Jurana
Ob. korčulanskih brodograditelja
Obala Vinka Paletina
Badija
HVAR, SPLIT, MLJET, DUBROVNIK
50 m

KORČULA HIGHLIGHTS

1 DIE HAUPTSTADT DER INSEL

A ALTSTADT

Der Eingang durch das Stadttor mit seiner großen Treppe, die eine alte Zugbrücke ersetzt, und dem Revelin-Turm ist bemerkenswert. Schöne Wohnhäuser säumen die Hauptstraße.

B KATHEDRALE DES HL. MARKUS

Trg svih Svetih

Die schöne Kirche stammt aus dem 15. Jh. Bemerkenswert sind ein kunstvolles Gesims an der Fassade, der Glockenturm und ein Schiff, das von Säulen mit geschnitzten Kapitellen flankiert ist.

C SCHATZKAMMER

Sv. Marka trg | So geschl. | Eintritt

Neben der Kathedrale, in der Abtei. Reich an dalmatinischer und venezianischer Kunst.

D STADTMUSEUM

Sv. Marka trg | So geschl. | Eintritt

In dem Renaissancepalast werden Ausstellungen über die Kultur, die Traditionen und die Geschichte der Insel gezeigt. Die Bedeutung der Steinmetzkunst und des Schiffsbaus wird deutlich.

E MARCO-POLO-HAUS

Depolo | Eintritt

Der berühmte Handlungsreisende soll von der Insel stammen.

 Die jeweiligen Öffnungszeiten finden Sie im Register ab S. 188.

TOUR 1

KORČULA ADRESSEN

1 DIE HAUPTSTADT DER INSEL

1 FISH'N'GO

• Fish and chips auf Kroatisch.
• Schnelle Bedienung, herzhafte Gerichte und eine gemütliche Atmosphäre.
Hrvatske Bratske Zajednice trg 1 | tgl. 9.30–2 Uhr

2 CUKARIN

• Diese lokale Bäckerei hat auch einen Laden.
• Die traditionellen Kekse *(cukarin, amareta* oder *klašun)* machen ihren Ruf aus.
Hrvatske bratske zajednice bb | Mo–Sa 8.30–12, 17–20 Uhr

3 KONOBA ADIO MARE

• Traditionelle Fleisch- und Fischgerichte, die man auf der Terrasse genießen kann.
• Gute Risottos und *pašticada*.
Marka Pola 2 | tgl. außer So 12–23 Uhr

4 LD RESTAURANT

• Moderne und raffinierte dalmatinische Kochkunst.
• Die Terrasse bietet einen Blick auf die Adria.
Don Pavla Poše 1-6 | tgl. 8–24 Uhr

5 MASSIMO

Für Kinder verboten

• Panoramalage auf einem zinnenbewehrten Turm.
• Für einen Cocktail mit Blick aufs Festland.
Šetalište Petra Kanavelića | tgl. 16–24 Uhr

6 WINE BAR BOKAR

• Kroatische Weine und Speisen.
• Engagierte und freundliche Kellner.
Antuna Rozanovića | Mai–Sept. tgl. 12–24 Uhr

KORČULA

2 DIE GESAMTE INSEL

HIGHLIGHTS

- A Lumbarda
- B Vela Pržina Strand
- C Marmont-Straße
- D Pupnatska Luka Strand
- E Buchten von Vela Luka

ADRESSEN

- 1 Cebalo
- 2 Konoba Škafetin
- 3 Konoba Mate
- 4 Konoba Bata

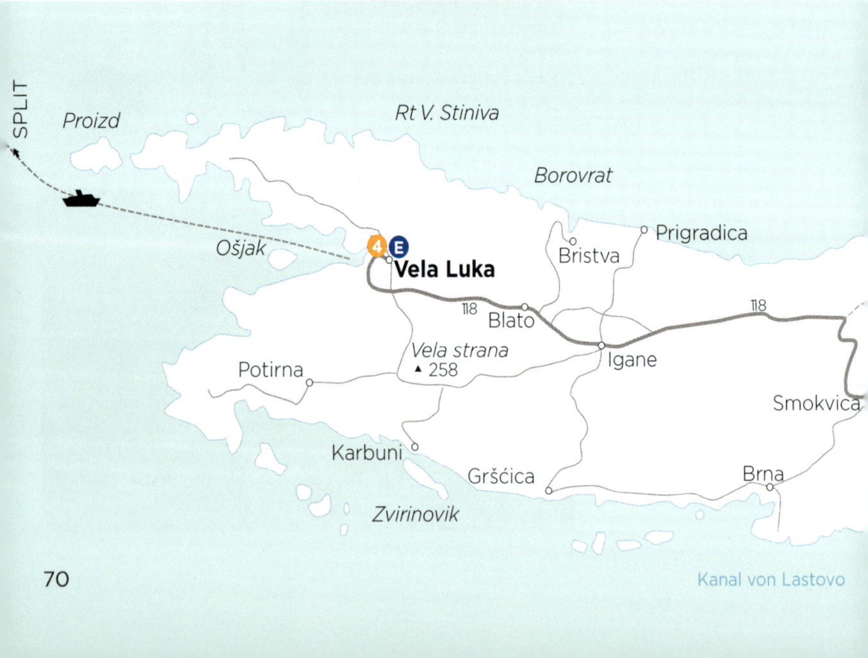

TOUR 1

Der Rest der Insel wird manchmal zugunsten der Hauptstadt vernachlässigt. Doch die zahlreichen Strände und Buchten, das milde Klima und die schöne Weinlandschaft machen Korčula zu einem attraktiven Reiseziel.

KORČULA HIGHLIGHTS

2 DIE GESAMTE INSEL

A LUMBARDA

Dieses ruhige Fischerdorf im Osten der Insel ist von Weinbergen umgeben. Grk, eine endemische Rebsorte der Region, wird hier hauptsächlich zur Herstellung eines süßen Weißweins angebaut.

B VELA PRŽINA STRAND

Dieser große, leicht zugängliche und sehr beliebte Sandstrand liegt geschützt in einer Bucht und eignet sich hervorragend für Familien.

C MARMONT-STRASSE

Diese etwas holprige, aber spektakuläre Straße verläuft zwischen Wäldern und Weinbergen und bietet außergewöhnliche Aussichten. Von ihr zweigt man zum Strand von Pupnatska Luka ab.

D PUPNATSKA LUKA STRAND

Der wahrscheinlich schönste Strand der Insel, nur wenige Minuten von Pupnat entfernt, ist einer der seltenen Sandstrände in Kroatien. Er ist von dichter mediterraner Vegetation umgeben.

E BUCHTEN VON VELA LUKA

Rund um Vela Luka, nur wenige Kilometer vom Hafen entfernt, gibt es zahlreiche wilde Buchten. Im Norden ist Gradina und im Süden Poplat schnell erreichbar, .

TOUR 1

KORČULA ADRESSEN

2 DIE GESAMTE INSEL

1 CEBALO
Lumbarda

- Weinverkostung und Kauf. Probieren Sie Grk und andere Weißweine.
- Telefonische Anmeldung erwünscht.

Lumbarda 591 | ✆ 098/188 25 39

2 KONOBA ŠKAFETIN
Lumbarda

- Zauberhafte Terrasse, versteckt im Grünen.
- Empfehlenswerte dalmatinische Fisch- und Meeresfrüchtespezialitäten.

Lumbarda 173 | tgl. 12–24 Uhr

3 KONOBA MATE
Pupnat

- Ausgezeichnete familiengeführte Trattoria.
- Schöne Terrasse mit Blick auf die Weinberge.

Pupnat 28 | Mo–Sa 11–14, 19–23 Uhr

4 KONOBA BATA
Vela Luka

- Die beste Wahl in Vela Luka.
- Fisch und Meeresfrüchte von guter Qualität, auf einer Terrasse nur einen Steinwurf vom Hafen entfernt.

56, Vela Luka | tgl. 17–23 Uhr

VON KORČULA NACH SPLIT

- **Dauer: 3-4 Std. Bootsfahrt von Vela Luka**
- **Fähre Vela Luka–Split 2–3-mal tgl. (mit Jadrolinija). Achten Sie darauf, dass Sie rechtzeitig vor Ort sind.**
- **Ohne Auto: tgl. Katamaranverbindung Korčula-Stadt–Split mittags (3 Std.)**

BOSNIEN UND HERZEGOWINA
TOUR 1
Kaštel Stari
Salona
Trogir
Ciovo
Split
Drvenik Veli
Rogač
Šolta
Supetar
Kanal von Brač
Ložišća
Brač
Baška Voda
Makarska
Dračevac 628 m
Pustinja Blaca
Sumartin
Bol
Kanal von Hvar
Podgora
Omiš
Zagvozd
Hvar
Jelsa
Humac 395 m
Pakleni otoci
Kanal von Šćedro
Šćedro
Vis
Rukavac
Kanal von Korčula
Korčula
Račišće
Vela Luka
Bucht von Poplat
Čara
Klupca 569 m
258m
Blato
ADRIATISCHES MEER
Kanal von Lastovo
Hum 415 m
Uble
Lastovo
0
10
20 km

ETAPPE 3 SPLIT

TOURISTENINFO

Fremdenverkehrsbüro: Obala Hrv. narodnog preporoda 9., ✆ 021/34 86 00, www.visitsplit.com.
Weitere Touristeninfos in der Altstadt: Peristil bb und Obala HNP 9.

UNTERWEGS IN DER STADT

Die Altstadt kann zu Fuß erkundet werden. Für den Rest gibt es ein gutes Busnetz: www.promet-split.hr

BESICHTIGUNG

Wir haben Split in zwei Teile aufgeteilt:
1. Innerhalb des Diokletianpalasts
2. Außerhalb der Palastmauern

Der Hafen ist weniger als 10 Min. zu Fuß vom Stadtzentrum entfernt.

PARKEN

Teuer vor dem Diokletianpalast, günstiger einige hundert Meter östlich des Stadtzentrums, in Richtung des Strandes Bačvice. Wenn Sie weiter nach Osten fahren, ist das Parken sogar kostenlos.

SOMMERFESTIVAL SPLIT

Von Mitte Juli bis Mitte August stehen die klassischen Künste im Mittelpunkt. In den antiken Stätten und im Nationaltheater finden Ballette, Opern, Konzerte und Theatervorstellungen statt. www.splitsko-ljeto.hr

TOUR 1
Poljud-Stadion
Park mladeži
Stadion Split
POLJUD
SKALICE
TABLE
LOVRET
DOBRI
VELI
VAROS
MANUŠ
LUČAC
BOL
INNEN-STADT
Archäologisches Museum
Park Emanuela Vidovića
TRG HRVATSKE BRATSKE ZAJEDNICE
TRG DOBRI
TRG REPUBLIKE
TRG M. PAVLINOVIĆA
Marjan
Naturhistorisches Museum und Zoo
Jüdischer Friedhof
Schifffahrtsmuseum
Galerie Meštrović
Uvala Zvončac
Uvala Baluni
Sustipan
Marina ACI
Gradska Luka
Park Pomoraca
Bačvice Strand
Gat. sv. Petra
Gat. sv. Duje
Obala kneza Domagoja
Hrvatske mornarice
Zrinsko-frankopanska
Kaštelanska
Mediteranskih igara
Nikole Tesle
Matoševa
Mandalinski put
Marjanski put
Trumbićeva obala
Obala hrvatskoga narodnog preporoda
Kralja Tomislava
Zagrebačka
Domovinskog rata
Put Plokita
Ulica slobode
Vukovarska
Obala Kneza Branimira
1 Innerhalb des Diokletian-Palasts
2 Außerhalb der Palastmauern

400 m

SPLIT 1 INNERHALB DES DIOKLETIANPALASTS

Split, die zweitgrößte Metropole Kroatiens, ist eine lebendige historische Stadt – selbst innerhalb der Mauern des Palasts. Das von Diokletian um das Jahr 300 errichtete Bauwerk wurde im Laufe der Jahre immer wieder renoviert.

HIGHLIGHTS	ADRESSEN
A Palastgewölbe	1 Zinfandel Food & Wine Bar
B Die *klapa* entdecken	2 Dioklecijan
C Peristyl	3 Kod Sfinge Vaneuropske Zviri
D Kathedrale des hl. Domnius	4 St-Riva
E Jupitertempel	5 Luxor
F Palasttore	6 Academia Club Ghetto
	7 Uje Oil Bar
	8 Teak Caffe

TOUR 1
Kralja Tomislava
Nodilova
Kapelle Sv. Arnira
Statue des Gregor von Nin
Park Strossmayera
Kružićeva
Nord-west-Turm
Tvrtkova Ul.
Bosanska Ul.
Rodrigina Ul.
Majstora Jurja Ul.
Das Goldene Tor
Kraj Zlatnih Vrata
Palastmauer
Nord-ost-Turm
Andrićeva Ul.
Loggia
NARODNI TRG
Palais Cambi
Dominisova Ul.
Stadtmuseum
Das Eiserne Tor
LLE VILLE
Marulićeva Ul.
Bajamontijeva
Papalićeva Ul.
Palace Augubio
Palača Cindro
Kešimirova Ul.
Dioklecijanova
J. Nepotova Ul.
Adamova
Jupiter-tempel
Poljana Krajlice
Ulica
lača
lesi
Andrije Buvine
K. Sv. Ivana
Peristyl
Jelene
Ul. Nikole Bozi
Prothyron
Das Silberne Tor
Dosud
Bulićeva
Vestibül
Kathedrale des hl. Domnius
Sv. Dominik
Medulićeva
Alješina
Palastgewölbe
Ethnografisches Museum
Kraj. Sv. Duje
Palastmauer
Obala hrvatskog narodnog preporoda
Das Bronzene Tor
Severova Ul.
Lukačićeva
Hrvojeva
STARI PAZAR
50 m
Südost-Turm
fen

SPLIT HIGHLIGHTS

1 INNERHALB DES DIOKLETIANPALASTS

A PALAST-GEWÖLBE

Bronzetor (Ænea) | Eintritt

Die Besichtigung der Kellergewölbe des Palastes ist ein idealer Start für einen Besuch in Split. Es ermöglicht Ihnen, die Struktur der Palaststadt zu verstehen und sich ein Bild von ihr zu machen.

B DIE *KLAPA* ENTDECKEN

Bleiben Sie stehen, wenn Sie auf eine *klapa* treffen, einen traditionellen mehrstimmigen Chor. Die Sänger nutzen die Akustik des Vestibüls, das südlich des Peristyls liegt.

C PERISTYL

Platz des Kaisers und Herz des Palasts. Hier wandte sich der Herrscher an das Volk. Im Hochsommer findet mittags die Ablösung der Diokletianswache statt, abends gibt es Konzerte.

D KATHEDRALE DES HL. DOMNIUS

Ul. Kraj Svetog Duje 5 | Eintritt

Ehemaliges Mausoleum Diokletians. Heute ruhen hier die Gebeine des hl. Domnius, des Schutzpatrons der Stadt. Sein Gedenktag, der 7. Mai, ist der Anlass für ein bedeutendes Fest in Split.

E JUPITERTEMPEL

Ul. Kraj Svetog Ivana 2 | Eintritt

Erbaut für die Verehrung des Gottes der Götter, dessen Erbe Diokletian zu sein behauptete. Der winzige Tempel, heute eine Taufkapelle, gilt als ein Meisterwerk seiner Art.

F PALASTTORE

Das Goldene Tor im Norden ist das Tor, durch das der Kaiser ging. Es öffnet sich in Richtung der damaligen Provinzhauptstadt Salona. Das Eiserne Tor im Westen ist das am besten erhaltene.

 Die jeweiligen Öffnungszeiten finden Sie im Register ab S. 188.

TOUR 1

SPLIT ADRESSEN

1 INNERHALB DES DIOKLETIANPALASTS

1 ZINFANDEL FOOD & WINE BAR

• Dalmatinische Rezepte mit Finesse neu interpretiert.
• Ausgezeichnete Risottos und eine gute Auswahl an kroatischen Weinen.
Marulićeva ul. 2 | tgl. 16.30–24 Uhr

2 DIOKLECIJAN

• Einfache und erschwingliche Küche im Zentrum der Stadt.
• Die in die südliche Mauer des Palasts integrierte Terrasse ist sehr beliebt.
Dosud 9 | tgl. mittags und abends

3 KOD SFINGE VANEUROPSKE ZVIRI

• Schönes Angebot an lokalen Speisen: Käseplatten, gegrillter Fisch, *pašticada*.
• Tolle Lage und freundlicher Empfang.
Andrije Buvine 1 | tgl. 11–23 Uhr

4 ST-RIVA

• Genießen Sie ein Getränk, während Sie das Leben auf der Promenade beobachten.
• Schöner Balkon mit Blick auf den Kai.
Obala Hrvatskog narodnog preporoda 1 | tgl. 7–24 Uhr

5 LUXOR

• Für einen Drink in historischem Ambiente.
• Abends sitzt man auf den Stufen im Freien und genießt die Atmosphäre.
Auf dem Peristyl | tgl. 8–24 Uhr

6 ACADEMIA CLUB GHETTO

• Sehr lebendig mit Jazz- oder R'n'B-Konzerten.
• Charmanter Innenhof, Lounge und Salon mit unkonventionellem Dekor.
Dosud 10 | Mo–Do 9–1, Fr–Sa 9–2 Uhr

7 UJE OIL BAR

»Mehr als nur eine Bar. Mein Lieblingsort, um gutes Essen zu genießen und alles über Olivenöl zu erfahren.«
Dominisova ul. 3 | tgl. 12–24 Uhr

8 TEAK CAFFE

• Für eine ruhige und kühle Kaffeepause mitten am Tag.
• Abends geht es hier lebendiger zu.
Majstora Jurja 11 | tgl. 8–1, Nebensaison bis 24 Uhr

SPLIT 2 AUSSERHALB DER PALASTMAUERN

Fahren Sie in Richtung Westen und entdecken Sie zuerst die venezianische Stadt, dann das authentische Viertel Veli Varoš und schließlich den Marjan-Hügel, die grüne Lunge von Split.

HIGHLIGHTS	RESTAURANTS	AUSGEHEN
A Narodni Trg	1 Brasserie on 7	8 Juice bar Kokolo
B Fischmarkt	2 Buffet Fife	9 Luka
C Trg Republike	3 Marjan	10 Teraca Vidilica
D Marjan	4 Artičok	11 Žbirac
E Galerie Meštrović	5 Varoš	12 Gaga
F Archäologisches Museum	6 Kantun Paulina	
G Bačvice Strand	7 Ma:Toni	
H Fußballspiel		

TOUR 1
Poljud-Stadion
Park mladeži
POLJUD
SKALICE
TABLE
Archäologisches Museum
SPINUT
Park Emanuela Vidovića
LOVRET
DOBRI
TRG HRVATSKE BRATSKE ZAJEDNICE
TRG DOBRI
BOL
Marjan
Natur-historisches Museum und Zoo
Jüdischer Friedhof
VELI VAROS
MANUŠ
INNEN-STADT
Schifffahrtsmuseum
LUČAC
Gradska Luka
Gat. sv. Petra
Gat. sv. Duje
TRG M. PAVLINOVIĆA
Bačvice Strand
Park Pomoraca
Galerie Meštrović
Uvala Zvončac
Uvala Baluni
Sustipan
400 m
Mediteranskih igara
Kaštelanska
Hrvatske mornarice
Zrinsko-frankopanska
Sutrojičin put
Karamanova
Put Skalica
Rendićeva
Lučićeva
Starčevićeva
Lovretska
Put Glavičina
Sukoišanska
Lička
Bakotićeva
Nikole Tesle
Fra Bonina
Matoševa
Spinutska
Dor-dićeva
Šetalište M. Tartaglie
Gajeva
Mandalinski put
Kavanjinova
Gundulićeva
Domovinskog rata
Mažuranićevo šetalište
Put Plokita
Trščanska
Hrv. iseljenika
Ulica slobode
Tolstojeva
Goričke
Vukovarska
Washingtonova
Kvaternikova
Svačićeva
Ćiril Metodova
Slavićeva
Mikačićeva
Kliška
Livanjska
Istarska
Rijećka
Držićeva
Račkog
Reljkovićeva
Podgorska
Plinarska
Harambašićeva
Teutina
Sinjska
Radmilovića
Marjanski put
Lisinskog
Prilaz Vladimira Nazora
Milićeva
Križeva
Tončićeva
Marmontova
Kralja Tomislava
Zagrebačka
Kneza Višeslava
Glagoljaška
Rokova ulica
Radunica
Vrzov dolac
Omiška
Kralja Zvonimira
Petrova
Pojišanska
Zlodrina poljana
Obala kneza Domagoja
Obala hrvatskog narodnog preporoda
Ban Mladenova
Šperun
Senjska
Trumbićeva obala
Marangunićevo šetalište
Botićevo šetalište
Pod Kosom
Marasovića
Dražanac
Mihanovićeva
Supilova
Put Meja
Gunjačina
Njegoševa
Šetalište Ivana Meštrovića
Obala Kneza Branimira
Uvala Baluni
Sustipanski put
Bregovita
Jadranska
Preradovićevo šetalište
Gupčeva
Bukovčeva
Vrška
Šetalište Bačvice
Kalterna
Braće
Klarina
Matošića
Krizeva
Jelačića
Tončićeva
Kralja Tomislava
Nodilova Ul.
Zagrebačka Ul.
Nigerova
Trogirska
Cosmijeva
Kružićeva
Nordwest-Turm
Park Štrosmajera
Nordost-Turm
Iza Lože
Tvrtkova Ul.
Bosanska Ul.
Rodrigina Ul.
Majstora Jurja Ul.
Fischmarkt
Trg Republike
Mladenova
Varoški p.
Bana
Marmontova
Obrov
Narodni Trg
Das Eiserne Tor
Kraj Zlatnih Vrata
Dominisova Ul.
Papalićeva Ul.
Dioklecijanova
J. Nepotova Ul.
Ban
Zadarska
Ilićev p.
Subićeva
Marulićeva Ul.
Šperun
Dobrić
Adamova
Krešimirova Ul.
Poljana Kraljice Jelene
Ulica
TRG DR. FRANJE TUDJMANA
TRG BRACE RADIĆ
Trumbićeva obala
Obala hrvatskog narodnog preporoda
Ul. Nikole Bozi
Dosud
Bulićeva
Das Silberne Tor
Hrvojeva
Aljesina
Kraj. Sv. Duje
Severova Ul.
50 m
Das Brozene Tor
Südost-Turm

SPLIT HIGHLIGHTS

2 AUSSERHALB DER PALASTMAUERN

A NARODNI TRG

Der Platz ist das Zentrum der venezianischen Stadt mit dem gotischen Rathaus, das an den drei Spitzbögen seiner Loggia erkennbar ist. Rundherum wurden wunderschöne Paläste gebaut.

B FISCHMARKT

Tgl. bis 14 Uhr, Sa länger

Ein echtes Erlebnis, bei dem man die Einheimischen trifft. Setzen Sie Ihren Einkaufsbummel gleich hinter dem Markt auf der Marmontova fort, einer großen Einkaufsstraße für Fußgänger.

C TRG REPUBLIKE

Seine schönen Proportionen, die rote Farbe und die Arkaden, die sich zum Meer hin öffnen, verleihen dem Platz der Republik ein majestätisches Aussehen. Während des Sommerfestivals wird es lebendig.

D MARJAN

Das Naturschutzgebiet ist eine echte Oase und liegt den Einheimischen sehr am Herzen. Sie waren es, die im 19. Jh. beschlossen, es aufzuforsten. Seine drei Gipfel haben jeweils eine Aussichtsterrasse.

E GALERIE MEŠTROVIĆ

Šetalište Meštrovića 46 | Di–So

Ivan Meštrović ist einer der größten kroatischen Bildhauer. Ein angenehmer Spaziergang durch den Garten, mit Blick auf das Meer, zwischen seinen Werken und in seiner majestätischen Villa.

F ARCHÄOLOGISCHES MUSEUM

Zrinsko-Frankopanska 25 | Mo–Sa

Eine Fülle antiker Artefakte vermittelt eine Vorstellung vom Leben in der Region vor 2000 Jahren Viele der Objekte stammen aus den Ausgrabungen in Salona.

G BAČVICE STRAND

Versuchen Sie sich an Picigin, einem Spiel, bei dem man sich einen Ball im Wasser zuwirft und dabei akrobatische Figuren vollführt. Der Strand ist Austragungsort der Picigin-WM (Juni).

H FUSSBALLSPIEL

Die Einheimischen unterstützen ihren Fußballclub Hajduk Split mit Begeisterung. Wenn Sie an einem Spieltag da sind, sollten Sie die Atmosphäre im Poljud-Stadion (www.hajduk.hr) genießen.

 Die jeweiligen Öffnungszeiten finden Sie im Register ab S. 188.

TOUR
1

SPLIT RESTAURANTS

2 AUSSERHALB DER PALASTMAUERN

1 BRASSERIE ON 7

- Sehr schöne Terrasse direkt am Meer.
- Vom Frühstück bis zum Abendessen sind die Gerichte frisch, reichhaltig und schön präsentiert.

Obala Hrvatskog narodnog preporoda 7 | tgl. 7.30–24 Uhr

2 BUFFET FIFE

- Man sitzt eng beisammen an großen Tischen im Freien.
- Spezialität: *pašticada* (geschmortes Rindfleisch) und Gnocchi.

Trumbićeva Obala 11 | Mo–Sa 10–24 Uhr

3 MARJAN

- Familiengeführt in Veli Varoš, bei den Einheimischen sehr beliebt.
- Superfrischer gegrillter Fisch, marinierte Sardinen und Meeresfrüchte.

Senjska 1 | tgl. 12–22.30 Uhr

4 ARTIČOK

- Klassische Küche mit modernem Touch.
- Gepflegtes Lokal, schön angerichtete Teller.

Bana Josipa Jelačića 19 | tgl. 8–24 Uhr | Reservierung © 021/819324

5 VAROŠ

- Traditionelle Rezepte in herzlicher Atmosphäre.
- Gerichte, die in der *peka* (unter einer Glocke) garen, müssen im Voraus bestellt werden.

Ban Mladenova 7 | tgl. 9–24 Uhr | © 021/396138

6 KANTUN PAULINA

- Leckeres *ćevapčići* (Hackfleischröllchen mit Zwiebeln und Paprika, manchmal in einem Sandwich) zum Mitnehmen!

Matošića 1 | tgl. 8–23.30 Uhr

7 MA:TONI

- Die Speisekarte mit mediterranen Spezialitäten wechselt mit den Jahreszeiten.
- Einige vegetarische und sogar vegane Gerichte.

Prilaz braće Kaliterna 6 | tgl. 16–23 Uhr

SPLIT AUSGEHEN

TOUR 1

2 AUSSERHALB DER PALASTMAUERN

8 JUICE BAR KOKOLO

- Säfte und Smoothies aus Obst und Gemüse.
- Cocktails, die direkt vor Ihren Augen zubereitet werden.

Trg Braće Radić 7 | tgl. 8–24 Uhr

9 LUKA

- Hervorragende hausgemachte Eissorten.
- Die Geschmacksrichtungen wechseln ständig (Lavendel, Schokolade, Joghurt, Nektarine ...).

Petra Svačića 2 | tgl. 8.30–23 Uhr

10 TERACA VIDILICA

- Tolle Aussicht auf Split und seinen Hafen.
- Gut, um das süße Leben im beliebten Stadtteil Veli Varoš zu genießen.

Nazorov Prilaz 1 | tgl. 8–24 Uhr

11 ŽBIRAC

Bačvice

- Ideal für einen Drink direkt am Strand.

Šetalište Petra Preradovića 5 | tgl. 7–24 Uhr

12 GAGA

- In der Saison abends sehr belebte Terrasse.
- Tagsüber ruhige Atmosphäre.

Iza Lože 5 | tgl. 7–2 Uhr

VON SPLIT NACH ŠIBENIK

- **Dauer: 1.30 Std. über die Magistrale (D8), die schöne Küstenstraße, die Kroatien von Norden nach Süden durchquert**
- **Ohne Auto: etwa 30 Busse pro Tag nach Šibenik**

KAŠTELA

Eine Reihe von sieben kleinen Kastellen. Am interessantesten sind das **Kaštel Gomilica**, das auf einer kleinen Insel thront, und das am Meer gebaute Herrenhaus von **Kaštel Lukšić**.

TROGIR

Ein mittelalterliches Kleinod. Wenn Sie nur einmal Station auf dieser Route machen, wählen Sie Trogir mit seinem Labyrinth aus gepflasterten Straßen, zahlreichen griechischen Überresten und Palästen im Stil der Gotik, der Renaissance und des Barock. Besichtigen Sie die prächtige Kathedrale des hl. Laurentius mit ihrem Westportal (13. Jh.) und der Kapelle des hl. Johannes von Trogir (Renaissance).

RESTAURANT VANJAKA

Trogir

- Für ein Mittagessen in einem schönen Rahmen mitten in Trogir.
- Sehr gute dalmatinische Spezialitäten.

Radovanov Trg 9 | tgl. 8–23 Uhr

GELATTO BAR BELLA

Trogir

»Unmöglich, durch Trogir zu fahren und nicht hier anzuhalten! Das beste Eis, das ich je gegessen habe.«

Blaža Jurjeva Trogiranina 5 | tgl. 8–24 Uhr

PRIMOŠTEN

Das Dorf liegt auf einer kleinen Insel, die seit dem 19. Jh. durch eine Mole mit dem Festland verbunden ist. Festungsmauern, hübsche Kopfsteinpflasterstraßen und ein kleiner Badeort zur Abkühlung.

TOUR 1
Kistanje
Đevrske
Laśkovica
Nationalpark Krka
Drniš
Skradin
Šibenik
Brodarica
Krapanj
Boraja
Primošten
Rogoznica
Kaštel Kambelovac
Solin
Kaštel Gomilica
Kaštel Stari
Kaštela
Kaštel Novi
Kaštel Štafilic
Kaštel Lukšić
Klis
Salona
Trogir
Split
Okrug Gornji
Drvenik Veli
Drvenik Mali
Rogač
Šolta
RIATISCHES MEER
A 1 E 71
0
10
20 km

ETAPPE 4 ŠIBENIK UND DER NATIONALPARK KRKA

UNTERWEGS

- Das gesamte Stadtzentrum von **Šibenik** ist Fußgängerzone.
- Im **Nationalpark Krka** kann man die Wasserfälle zu Fuß, mit dem Fahrrad, mit dem Bus oder mit dem Boot erreichen. Von Nov. bis März gibt es keinen Bus- oder Schiffsverkehr, aber der Zugang ist dann mit dem Auto möglich.

PARKEN

Šibenik: Viele Parkplätze, die billigsten befinden sich in der Nähe des Busbahnhofs.

Krka: kostenlose Parkplätze für Besucher an beiden Eingängen.

TOURISTENINFO

Fremdenverkehrsbüro: Obala palih omladinaca 3 und Fausta Vrančića 18, www.sibenik-tourism.hr

Büro des Nationalparks Krka: Trg Ivana Pavla II br. 5, Šibenik, www.np-krka.hr

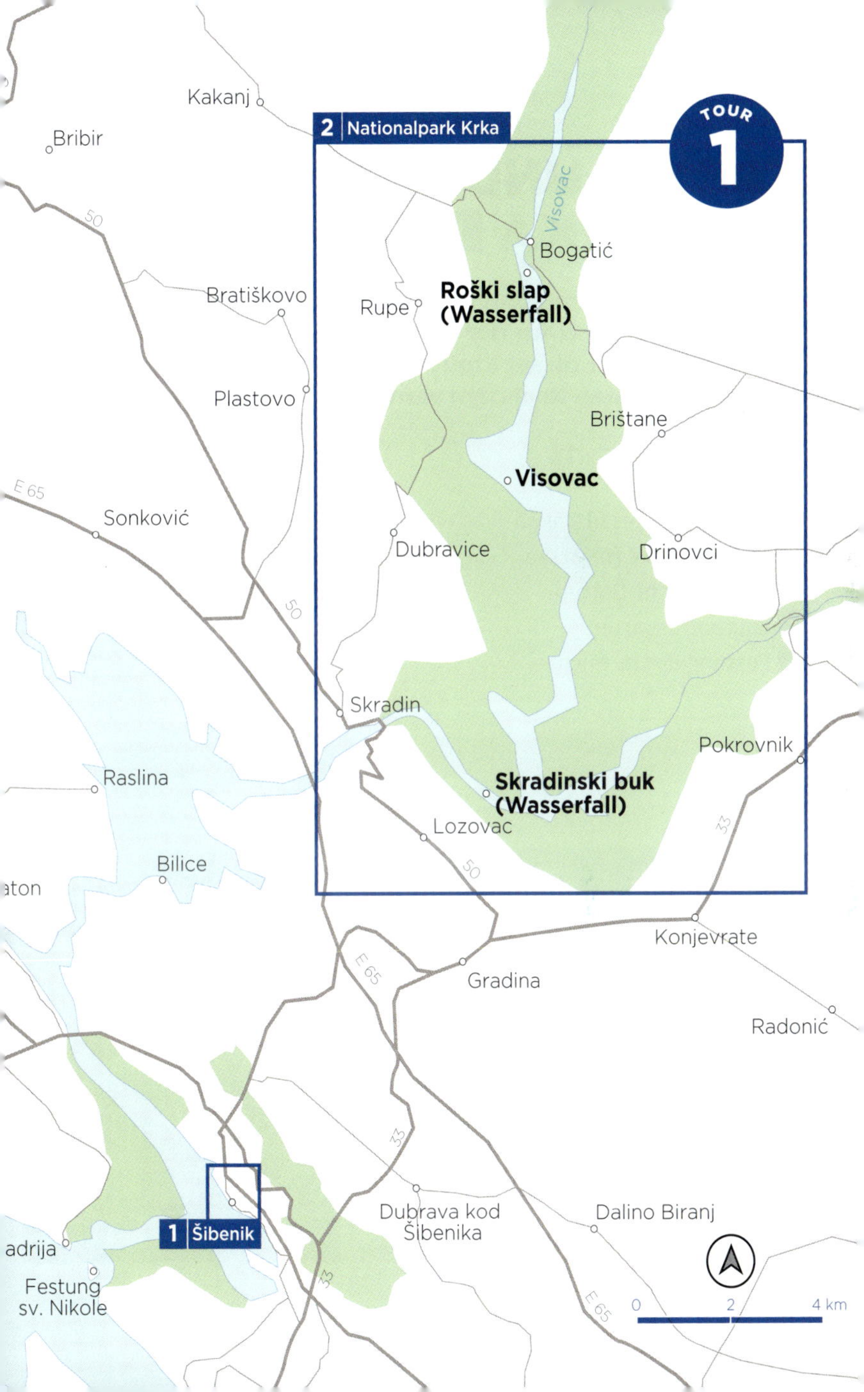

TOUR 1
2 Nationalpark Krka
1 Šibenik
Kakanj
Bribir
Bratiškovo
Plastovo
Rupe
Bogatić
Visovac
Roški slap (Wasserfall)
Brištane
Visovac
Dubravice
Drinovci
Sonković
Skradin
Pokrovnik
Raslina
Skradinski buk (Wasserfall)
Lozovac
Bilice
aton
Konjevrate
Gradina
Radonić
Dubrava kod Šibenika
Dalino Biranj
adrija
Festung sv. Nikole
E 65
50
33
0
2
4 km

ŠIBENIK UND DER NATIONALPARK KRKA

1 ŠIBENIK

Bei einem Spaziergang durch die gepflasterten Gassen, zwischen Palästen und Kirchen aus der Gotik und der Renaissance, spürt man den Charakter dieser Stadt – eine wahre Pracht, die zugunsten ihrer berühmten Nachbarn vernachlässigt wurde.

HIGHLIGHTS

- A Kathedrale des hl. Jakob
- B Trg Republike Hrvatske
- C Kirche der hl. Barbara
- D Laurentiusgarten
- E Festung des hl. Michael

ADRESSEN

1. Konoba Nostalgija
2. Pelegrini
3. Buffet Šimun
4. Gradska Vijećnica
5. Lovre Cafe
6. Vino & Ino
7. Terrassen am Meer

TOUR 1
ZADAR, VODICE
Festung des hl. Michael
Laurentius-garten
Stadtloggia
TRG REPUBLIKE HRVATSKE
Kathedrale des hl. Jakob
Stadtmuseum
Kirche der hl. Barbara
Sv. Chrysogone
Sv. Ivan
TRG PUČKIH KAPETANA
TRG P.ŠIBENSKIH BORACA
Theater
TRG KRAJA DRŽISLAVA
POLJANA MARŠALATITA
Bibliothek
TRG IVANA GORANA KOVAČIĆA
Perivoj Roberta Visianija
Perivoj Luje Maruna
TRG NIKOLE TOMMASEA
Sv. Nicole
Sv. Frane
SPLIT
ADRIATISCHES MEER
Landungssteg
200 m
Kralja Zvonimira
Zadarska
Pod tvrđavom
Put groblja
Jurja Dalmatinca
Martina
Prominska
Kolunića
Sv. Luce
Stube
17 buntovika
Nikole Vladanova
Skradinska
Težačka
Miminac
Zjačića
Nikole Tesle
Andrije
Strme
Kačića
Don Krste Stošića
Fausta Vrančića
Nove crkve
Nin skog
Grgura
Stube Dragojevića
N Fra Ružića
Kralja
Zagrebačka
Božidara Petranovića
Starog kazališta
Alekse Šantića
Grubišića
Petra
Tomislava
Dobrić
Sv. Nikole
Tavelića
Jurja Šižgorića
Biskupa Fosca
Blajburških
Stjepana Radića
Fra Stepana
Vladimira Nazora
Obala Franje Tuđmana
Uskočka
Put Splita
Zlatovića
7 Omelića
Eugena Kvaternika
Sarajevska
Obala hrv. mornarice
Slobodana

ŠIBENIK HIGHLIGHTS

1 ŠIBENIK

A KATHEDRALE DES HL. JAKOB

Trg Republike Hrvatske 1 | Eintritt

Das makellose Weiß der Fassade ist beeindruckend. Der Fries zeigt Dutzende von Figuren: die Bewohner der Stadt im 15. Jh.! Das Baptisterium ist ein Meisterwerk.

B TRG REPUBLIKE HRVATSKE

Der Platz, auf dem die Kathedrale steht, ist mit seinen Barockpalästen und den Arkaden des alten Rathauses einen Besuch wert.

C KIRCHE DER HL. BARBARA

Kralja Tomislava 19 | Eintritt

Hinter der Fassade befindet sich ein Museum für sakrale Kunst mit zwei bemerkenswerten Polyptychen aus dem 15. Jh.: Jungfrau und Heilige von Vladanov und Jungfrau und Kind von Trogiranin.

D LAUTENTIUS-GARTEN

Andrije Kačića Miošića 11

» Kleiner, aber sehr romantischer mediterraner Garten im Laurentius-Kloster. Eine erholsame Pause an einem ruhigen Ort.« (Bild unten)

E FESTUNG DES HL. MICHAEL

Zagrađe 21 | Eintritt

Im Inneren gibt es nicht viel zu sehen, aber von der obersten Terrasse aus hat man einen atemberaubenden Blick auf die Stadt und den Sonnenuntergang über der Adria.

TOUR 1

ŠIBENIK ADRESSEN

1 ŠIBENIK

1 KONOBA NOSTALGIJA

»Moderne Gerichte, die ausschließlich mit lokalen und saisonalen Produkten zubereitet werden. Ich liebe den mehr als herzlichen Empfang!«
Biskupa Fosca 11 | tgl. 18–22 Uhr

2 PELEGRINI

- Gastronomie neben der Kathedrale.
- Regionale Spezialitäten, mit Raffinesse neu interpretiert.

Jurja Dalmatinca 1 | Mo–Sa 12–14, 18.30–21 Uhr | Reservierung © 022/213701

3 BUFFET ŠIMUN

- Beliebte Taverne.
- Einfache lokale Küche.

Fra Jerolima Milete 17 | Mo–Sa 7–22 Uhr

4 GRADSKA VIJEĆNICA

- Außergewöhnliche Lage, direkt am Domplatz.
- Gute Küche.

Trg Republike Hrvatske 3 | So–Do 8–23, Fr–Sa 8–1 Uhr

5 LOVRE CAFE

- Für einen Kaffee mit einem Cupcake oder ein Eis.
- Im Schatten des mittelalterlichen Gartens.

Andrije Kačića Miošića 11, im Laurentius-Garten | Hauptsaison tgl. 8–23 Uhr

6 VINO & INO

- Verkostungspause.
- Lokale Weine und kroatische Gerichte.

Fausta Vrančića bb

7 TERRASSEN AM MEER

- Mehrere lebhafte Studentenkneipen nebeneinander.
- Ideal für einen Drink am Abend.

Obala palih omladinaca

ŠIBENIK 2 NATIONALPARK KRKA

Ein kroatisches Naturwunder. In einer atemberaubenden Umgebung rauscht das Wasser durch Schluchten und stürzt in mehreren Wasserfällen in die Tiefe.

NATIONALPARK KRKA

Eingang: Lozovac (Bus oder 1 km Fußweg zu den Wasserfällen) oder Skradin (Boot oder 3 km Fußweg zu den Wasserfällen), 14 bzw. 20 km von Šibenik.
Öffnungszeiten: Juni–Aug. 8–20, in der Nebensaison 8–18 oder 19, im Winter 9–16 oder 17 Uhr.
Preise: Juni–Sept. am höchsten, April–Mai und Okt. günstiger, Nov.–März noch günstiger. Bus oder Boot inbegriffen (kein Shuttle Nov.–März).
Bootsausflüge: zur Insel Visovac (2 Std.) und zu den Roški Slap-Wasserfällen (über Visovac, 4 Std.) ab Skradinski buk, April–Okt.

VORBEREITUNGEN

Karten des Parks mit Tourenvorschlägen gibt es auf der Website www.np-krka.hr. Dort kann man auch online Eintrittskarten kaufen.

HIGHLIGHTS & RESTAURANT

- A Skradinski buk (Wasserfall)
- B Badestelle am Wasserfall
- C Visovac
- D Roški Slap (Wasserfall)
- 1 Konoba Dalmatino

TOUR 1
Kakanj
Bribir
Visovac
Bogatić
D B
Roški slap (Wasserfall)
Bratiškovo
Rupe
Plastovo
Bristane
C Visovac
E 65
Sonković
Dubravice
Drinovci
Parc national de Krka
50
Skradin
1
Raslina
Pokrovnik
A Skradinski buk
B (Wasserfall)
Lozovac
Bilice
Konjevrate
Gradina
E 65
Radonić
33
Šibenik
Dubrava kod Šibenika
Dalino Biranj
Festung sv. Nikole
0 2 4 km

ŠIBENIK HIGHLIGHTS & RESTAURANT

2 NATIONALPARK KRKA

A SKRADINSKI BUK

Zugang zum Park

Der 45 m hohe Wasserfall stürzt auf einer Länge von 800 m über mehrere Becken in die Tiefe. Den Höhepunkt des Parks muss man unbedingt gesehen haben – nicht versäumen! Pfade und Stege ermöglichen es, diesen beeindruckenden Wasserfall in einem rund einstündigen Spaziergang zu erkunden. Man kommt dabei an verschiedenen Aussichtspunkten und restaurierten Gebäuden vorbei.

B BADESTELLE AM WASSERFALL

Limitierte Besucherzahl

Am Fuß des spektakulären **Skradinski buk**. Die Wassertemperatur ist im Sommer ideal, aber das Becken ist überfüllt! Schwimmen ist am **Roški Slap** Wasserfall möglich.

C VISOVAC

Bootsfahrt von Skradinski buk April–Okt. | Eintritt

Charmante grüne Insel im Herzen des Parks. Seit dem 15. Jh. beherbergt sie Franziskanermönche und eine kleine Kirche. Das Kloster ist für Besucher geöffnet. (Bild rechts)

D ROŠKI SLAP

Bootsfahrt von Skradinski buk über Visovac April–Okt.

Schöne Wasserfälle, zwar weniger beeindruckend, aber weitläufiger als Skradinski buk. Man kann zur Oziđana-Höhle wandern.

1 KONOBA DALMATINO

Skradin

- Der gegrillte Fisch ist ausgezeichnet.
- Schön bepflanzter Innenhof.

Fra Luje Maruna 1 | Mo–Sa 13–22, So 15–22 Uhr

 Die jeweiligen Öffnungszeiten finden Sie im Register ab S. 188.

TOUR
1

VON ŠIBENIK ZUR MAKARSKA-RIVIERA

- **Dauer: 2.15 Std. über Klis und Solin und dann entlang der Magistrale bis zur Stadt Brela an der Makarska-Riviera**
- **Ohne Auto: zahlreiche Busverbindungen über Split. 40 Busse verkehren tgl. zwischen Split und der Riviera (1.15 Std.).**

- **Alternative: Wenn Sie wenig Zeit haben, können Sie die Makarska-Riviera auslassen und vom Hafen von Split aus direkt zur Endstation in Hvar fahren (1.15 Std. Fahrt von Šibenik). Es verkehren viele Fähren von Split nach Stari Grad sowie Katamarane von Split nach Hvar.**

FESTUNG KLIS

Kliška tvrđava | Eintritt

Die Festung thront auf einem Berg oberhalb des Ortes Klis. Von hier hat man einen großartigen Blick auf die Landschaft, das Tal und die Adriaküste. Besichtigungen sind möglich.

RESTAURANT PERLICA

Klis

- Spezialität: Lammfleisch vom Spieß.
- Gerichte aus der *peka* auf Vorbestellung.

Trg Grlo 1 | tgl. 9–24 Uhr | ✆ 021/24 00 04

RUINEN VON SALONA

Solin | Eintritt

Die antike römische Hauptstadt Dalmatiens verfügt über ein Forum, ein Aquädukt, ein Amphitheater, Tempel, Bäder und Mauern. Die interessanteste archäologische Stätte des Landes.

CETINA

In Omiš sollten Sie einen Blick auf den Fluss Cetina werfen. Seine Mündung, eingebettet in das Dinara-Massiv, ist spektakulär. Es gibt die Möglichkeit für **Rafting**.

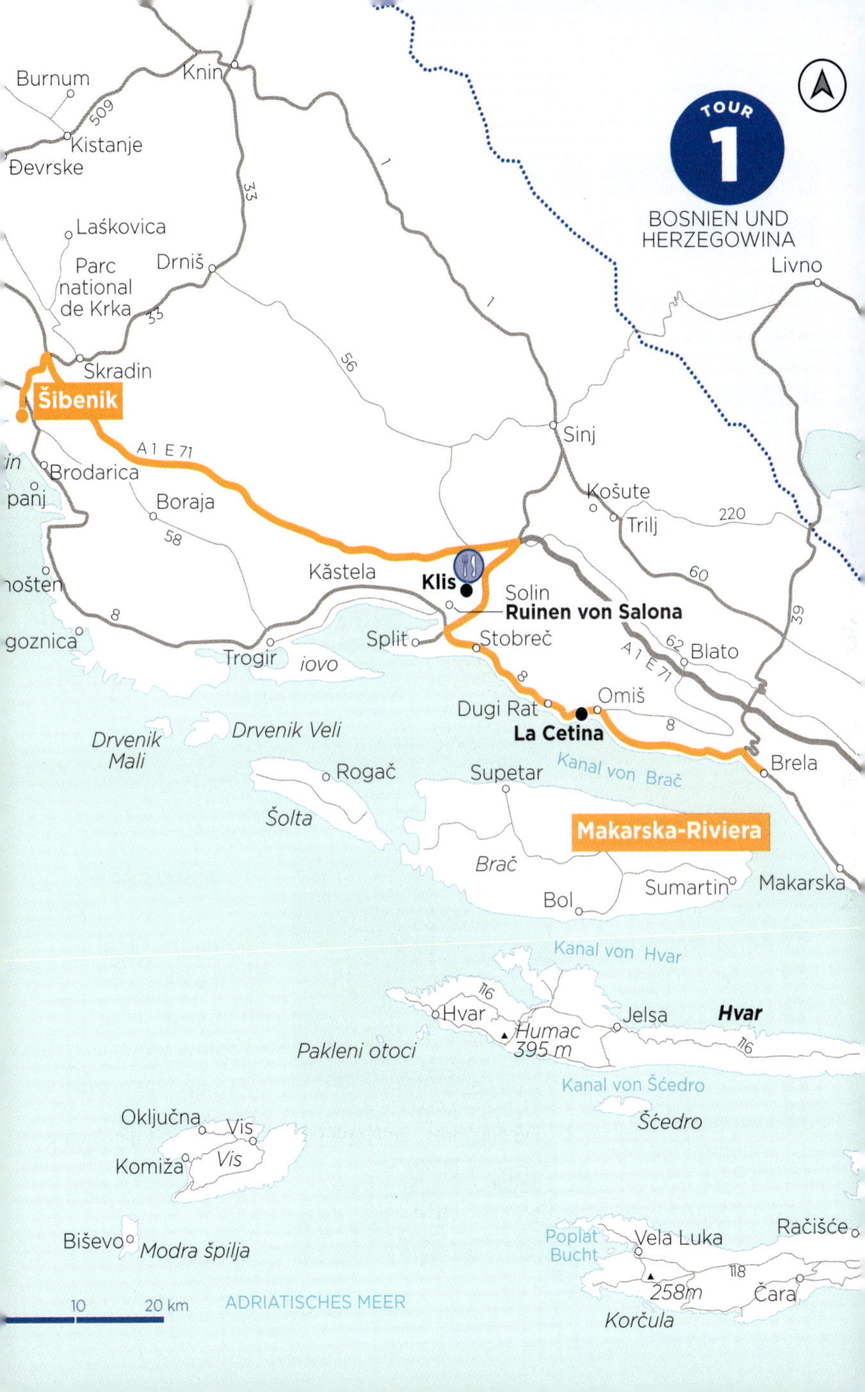

TOUR
1
BOSNIEN UND HERZEGOWINA
Burnum
Knin
509
Kistanje
Đevrske
33
1
Laśkovica
Parc national de Krka
Drniš
35
Skradin
Šibenik
56
Livno
Sinj
A 1 E 71
Brodarica
Boraja
58
Košute
Trilj
220
60
Kăstela
Klis
Solin
Ruinen von Salona
8
Split
Stobreč
Trogir
62
Blato
39
Dugi Rat
Omiš
La Cetina
Drvenik Mali
Drvenik Veli
Rogač
Supetar
Kanal von Brač
Brela
Šolta
Makarska-Riviera
Brač
Sumartin
Makarska
Bol
Kanal von Hvar
116
Hvar
Jelsa
Humac 395 m
Pakleni otoci
Kanal von Šćedro
Šćedro
Oključna
Vis
Komiža
Biševo
Modra špilja
Poplat Bucht
Vela Luka
Račišće
118
258m
Čara
Korčula
10
20 km
ADRIATISCHES MEER

ETAPPE 5 MAKARSKA-RIVIERA

Die Riviera erstreckt sich über eine Länge von etwa 50 km zwischen Brela und Gradac. Am Fuß des imposanten Biokovo-Massivs gibt es eine Reihe von hübschen kleinen Häfen und leicht zugänglichen Kiesstränden.

NATURPARK BIOKOVO

Parkeingang: nach Gornje Tučepi (Richtung Vrgorac), an der D512. Fragen Sie nach einer Karte des Parks in deutscher Sprache mit den Wanderrouten und dem geologischen Lehrpfad, der sehr interessant ist. www.biokovo.com

TOURISTENINFO

Fremdenverkehrsbüro von Brela: trg Alojzija Stepinca bb, 8–20 Uhr, www.brela.hr
Fremdenverkehrsbüro von Makarska: obala kralja Tomislava 16, 8–21 Uhr während der Saison, www.makarska.hr (Website nur auf Kroatisch)

HIGHLIGHTS

- A Adria-Magistrale
- B Brela
- C Makarska
- D Biokovo-Massiv
- E Sveti Jure
- F Wandern im Biokovo-Massiv

ADRESSEN

- 1 Konoba Feral
- 2 Hrpina
- 3 Susvid
- 4 Spina bar
- 5 Deep Makarska
- 6 Konoba Ranč

TOUR 1
60
39
A1 E 65
Grabovac
Zagvozd
Adria-Magistrale
A
nta Rata
trand
Brela
B 1
Baška Voda
8
Sveti Jure
1762 m E
NATURPARK
BIOKOVO
A1 E 65
DUBROVNIK
Zupe
62
E 65
D F
Makarska
2 3 4 5 C
Gornje Tučepi
Tučepi
Parkeingang
6
ADRIATISCHES MEER
Podgora
512
0
5
10 km

MAKARSKA-RIVIERA

HIGHLIGHTS

A ADRIA-MAGISTRALE

Die Küstenstraße ist in diesem Teil des Landes ganz besonders schön. In vielen Kurven führt sie mit Blick auf das Biokovo-Massiv an der Adria entlang.

B BRELA

Das charmante Fischerdorf ist das Eingangstor zur Riviera. Sein Kiesstrand, **Punta Rata**, gilt als einer der schönsten in Kroatien.

C MAKARSKA

Der wunderschöne und belebteste Badeort an der Riviera liegt direkt an den Bergen. Es macht Spaß, während der Saison das Treiben an den Stränden und in den Bars zu genießen.

D BIOKOVO-MASSIV

Entrée du parc Eintritte

Von der Küste aus hat man einen wunderschönen Ausblick auf die schroffe Felsenlandschaft. Die Berge sind von Gämsen und Wölfen bevölkert.

E SVETI JURE

Entrée du parc Eintritte

Der Gipfel des Biokovo-Massivs, der Sveti Jure (1762 m), ist mit dem Auto in 1 Std. (23 km) vom Parkeingang aus zu erreichen und bietet dem Besucher ein atemberaubendes Panorama.

F WANDERN IM BIOKOVO-MASSIV

Für Wanderungen, Höhlen- und Radtouren ist **Biokovo Active Holidays** die richtige Adresse.
Ul. Ante Starčevića 3, Makarska | © 021/615352

 Die jeweiligen Öffnungszeiten finden Sie im Register ab S. 188.

MAKARSKA-RIVIERA

TOUR 1

ADRESSEN

1 KONOBA FERAL
Brela

- Fisch und Meeresfrüchte – ganz frisch und gut zubereitet.
- Terrasse mit Blick auf das Meer.

Obala kneza Domagoja 30 | tgl. 11.30–22 Uhr

2 HRPINA
Makarska

- Gutes, traditionelles Restaurant.
- Der Besitzer, ein leidenschaftlicher Koch, serviert großzügige Portionen.

Trg Hrpina 2 | tgl. 18–24 Uhr

3 SUSVID
Makarska

- Ideale Lage mit Blick auf den schönen Platz vor der Kirche.

Trg fra Andrije Kačića Miošića 8 | tgl. 12–17, 18–24 Uhr

4 SPINA BAR
Makarska

- Für ein Getränk mit kroatischen Tapas.
- Gute Cocktails und Livemusik an manchen Abenden.

Kalalarga 32 | tgl. 17–24 Uhr

5 DEEP MAKARSKA
Makarska

- Ungewöhnlicher Club, untergebracht in einer Höhle direkt am Meer. DJs legen Elektro auf.
- Ein paar Tische draußen am Strand.

Šetalište fra Jure Radića 5a | Hauptsaison tgl. 9–5 Uhr

6 KONOBA RANČ
Tučepi

- Rustikal und abgeschieden von der Welt, unter Olivenbäumen.
- Fleisch und Fisch vom Grill. *Peka* auf Vorbestellung.

Kamena 62 | nur abends | © 021/623 563

VON DER MAKARSKA-RIVIERA NACH HVAR

- **Dauer: ca. 3 Std. von Makarska**
- **Fahrt nach Drvenik (40 Min.). Vom Hafen aus fahren etwa 10 Fähren tgl. nach Sućuraj, das in 35 Min. erreicht ist (Jadrolinija). Dann 1.30 Std. Fahrt von Sućuraj nach Hvar-Stadt.**
- **Ohne Auto: zurück nach Split (Bus: 1.15 Std.), um einen Katamaran mit Jadrolinija oder Kapetan Luka nach Hvar zu nehmen (1 Std.)**

STRECKE SUĆURAJ – JELSA

Die Straße, die den wilden Osten der Insel durchquert, ist auf etwa 50 km fast menschenleer. Ein deutlicher Gegensatz zu dem sehr touristischen Westen.

TOUR 1

JELSA UND VRBOSKA

Diese beiden Häfen, die 5 km voneinander entfernt liegen, sind einen Besuch wert. Jelsa wegen der Terrassen, die sich vom Hafen aus in die Höhe ziehen, Vrboska wegen der Festungskirche.

EBENE VON STARI GRAD

Werfen Sie auf dem Weg nach Hvar-Stadt einen Blick auf die erstaunliche Kulturlandschaft. Sie geht zurück auf die Landnutzung durch die Griechen im 4. Jh.

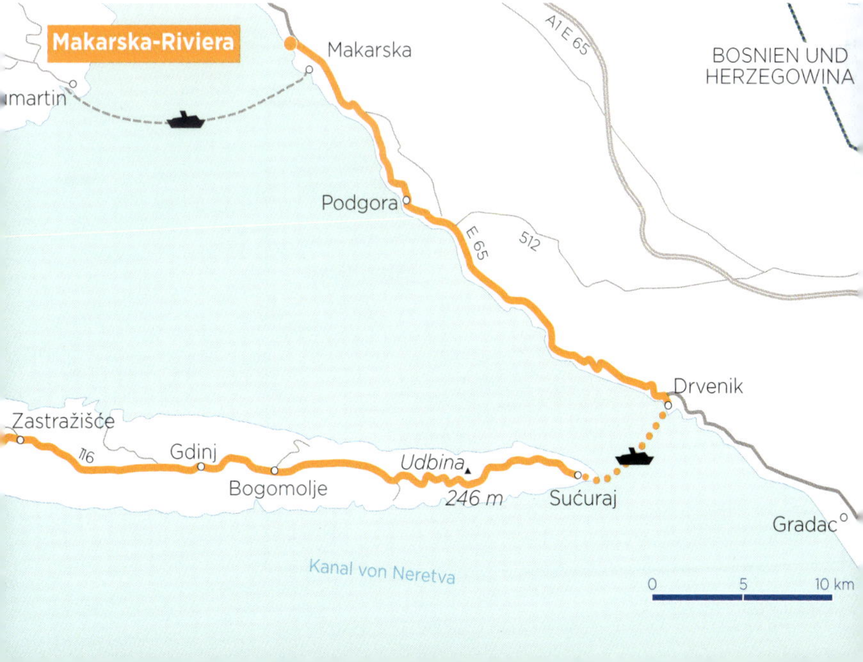

ETAPPE 6 HVAR

UNTERWEGS

- Das Zentrum von Hvar, der Hauptstadt der Insel, ist reine Fußgängerzone. Auf dem Rest der Insel ist ein Auto für die Fortbewegung sehr nützlich. Ansonsten fahren die Čazmatrans-Busse die wichtigsten Städte an.
- **Tankstellen**: nur in Hvar, Jelsa und Vrboska.
- **Fremdenverkehrsbüro**: Sv. Stjepana trg 16.

SEHENSWERTES

Wir haben die Insel Hvar in zwei Teile aufgeteilt:
1. Hvar, die Hauptstadt der Insel
2. Der Westen der Insel

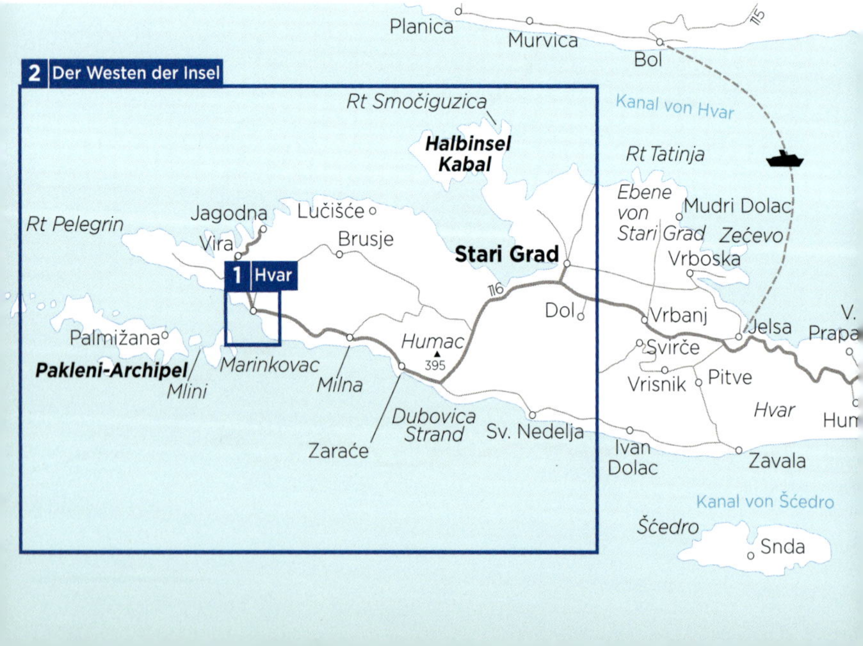

TOUR 1

Podgora
E 65
Drvenik
Stiniva
Pokrivenik
Bristova
Rt Bad
116
Zastražišće
Gdinj
116
Udbina
246
Bonkovići
Bogomolje
Sućuraj
Kanal von Neretva
0
5
10 km

HVAR 1 DIE HAUPTSTADT DER INSEL

Hvar-Stadt ist das Saint-Tropez der Adria. Die Schönen und die Reichen des internationalen Jetsets zeigen sich in dem kleinen, aber prächtigen Renaissance-Zentrum.

SEHENSWERTES	ADRESSEN
A Hafenpromenade	1 Konoba Menego
B Trg sv. Stjepana	2 Paradies Garden
C Kathedrale des hl. Stephan	3 Veneranda Club
D Franziskanerkloster	4 Dalmatino
E Arsenal und Theater	5 Carpe diem
F Festung Španjola	6 Kiva Bar
	7 Hula Hula Hvar

TOUR 1
Festung Španjola
F
VIRA
BRUSJE, STARI GRAD
Matije Ivanića
Kroz Grodu
SV. MARKO
Benediktinerkloster
GRODA
Dr. Mate Miličića
Sv. Marak
Hotel Palace
Petra Hektorovića
DOLAC
Fabrika
A
Hafenpromenade
Trg sv. Stjepana
B
Kathedrale des hl. Stephan
C
Jurja Novaka
E
Arsenal und Theater
B. Vulčetića
Burak
Kroz Burak
SV. MIKULA
POD GLAVICU
Jercka Mišetića
RIVA
Bucht von Hvar
BUKAINKA
KRIŽA
ADRIATISCHES MEER
Uvala Križa
LUČICA
100 m
Franziskanerkloster
D

HVAR SEHENSWERTES

1 DIE HAUPTSTADT DER INSEL

A HAFEN-PROMENADE

Der Blick geht auf die Adria, und die Häuser mit ihren roten Dächern strahlen Ruhe aus. Doch hier liegen die Yachten des Jetsets vor Anker, und hier steigen die großen Partys.

B TRG SV. STJEPANA

Dieser schöne Renaissanceplatz ist der größte in Dalmatien. Er ist das Herz der Stadt, dominiert von der Kathedrale und umgeben von schönen weißen Steinhäusern.

C KATHEDRALE DES HL. STEPHAN

Trg Svetog Stjepana | Eintritt

Die Kathedrale mit ihrem Renaissanceglockenturm ist schon von Weitem zu sehen. Barocke Innenausstattung mit mehreren Altären und Gemälden venezianischer Künstler.

D FRANZISKANER-KLOSTER

Franjevački samostan | So geschl.

Bewundernswert sind die Darstellung des letzten Abendmahls, der Renaissancekreuzgang und die Polyptychen in der angrenzenden Kirche. Schön ist der Garten mit der 500 Jahre alten Zypresse.

E ARSENAL UND THEATER

Trg Svetog Stjepana

In dem imposanten Gebäude wurden einst Schiffsteile gelagert und Schiffe repariert. Heute beherbergt es eines der ältesten Theater Europas.

F FESTUNG ŠPANJOLA

Fortica | Eintritt

Die Festung auf dem Hügel ist ein Muss, um die Aussicht auf Hvar zu bewundern, besonders bei Sonnenuntergang. Die alten Kerker sind einen Blick wert.

TOUR
1

HVAR ADRESSEN

1 DIE HAUPTSTADT DER INSEL

1 KONOBA MENEGO

- Rustikales, familiäres Restaurant.
- Dalmatinische Spezialitäten, zubereitet nach alten Rezepten.

Kroz Grodu 26 | Mo–Sa mittags und abends

2 PARADIES GARDEN

- Schöner, kühler grüner Innenhof zwischen den hohen Steinmauern.
- Gute lokale Spezialitäten.

Dr. Mate Miličića 8 | tgl. 10–24 Uhr

3 VENERANDA CLUB

- Open-Air-Club mit DJs und Tänzern.
- Partys bis in die frühen Morgenstunden.

Ul. Dinka Kovačevića 3 | Sommer tgl. 22–5 Uhr

4 DALMATINO

- Empfehlung sowohl für Fleisch als auch für Fisch.
- Aufmerksamer Service, üblicherweise gibt es einen *rakija* (Schnaps) aufs Haus.

Sv. Marak 1 | Mo–Sa 11–24 Uhr

5 CARPE DIEM

- Trendiger Club, bekannt für seine After-Beach-Partys.
- Gute Cocktails mit oder ohne Alkohol.

Riva 32 | tgl. 9–2 Uhr

6 KIVA BAR

- Die Atmosphäre in dieser Bar, die in einer kleinen Gasse versteckt liegt, ist garantiert prickelnd.

Fabrika 10 | Hauptsaison tgl. 21–2 Uhr

7 HULA HULA HVAR

- Berühmt für seine After-Beach-Partys.
- Beach-Club mit Techno-Sound.

P. Šetalište 10 | tgl. 9–23 Uhr

caffebar
Coca-Cola

HVAR 2 DER WESTEN DER INSEL

Die Insel der Gegensätze ermöglicht Naturerlebnisse fernab des touristischen Trubels der Hauptstadt zwischen Lavendelfeldern und malerischen Stränden.

HIGHLIGHTS

- A Pakleni-Archipel
- B Dubovica Strand
- C Stari Grad
- D Der Duft von Lavendel
- E Halbinsel Kabal

ADRESSEN

1. Toto's
2. Dubovica beach bar
3. Eremitaž
4. Antika (Resto-Bar)
5. Uvala Veli Dolac

TOUR 1

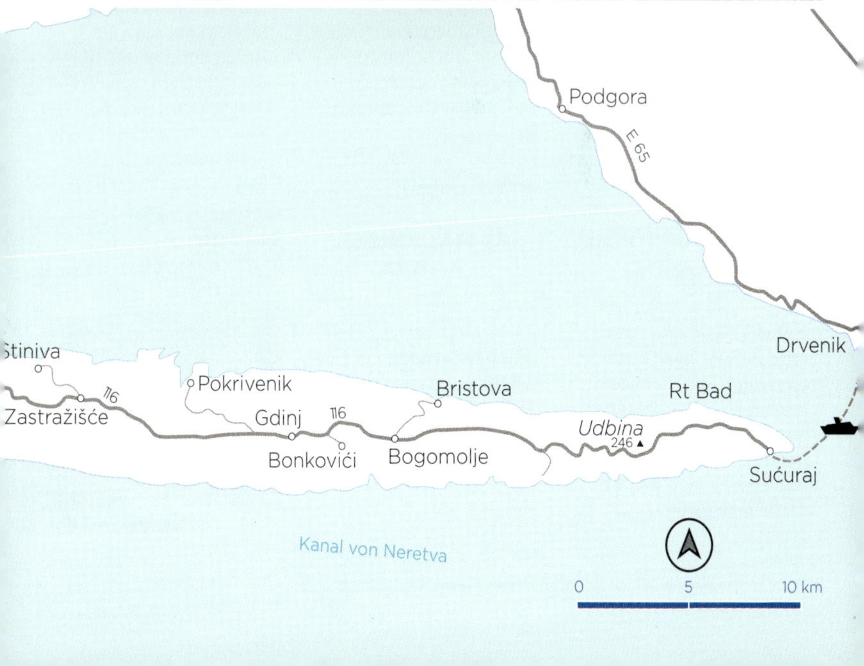
Podgora
E 65
Drvenik
Stiniva
Pokrivenik
Bristova
Rt Bad
Zastražišće
116
Gdinj
116
Udbina
246
Bonkovići
Bogomolje
Sućuraj
Kanal von Neretva
0
5
10 km

HVAR HIGHLIGHTS

2 DER WESTEN DER INSEL

A PAKLENI-ARCHIPEL

10–15 Min. (Bootstaxi von Hvar)

Etwa 20 kleine Inseln, von denen **Sveti Klement** wegen der Strände rund um Palmižana die meistbesuchte ist. An dem schönen Kiesstrand auf Mlini ist weniger los.

B DUBOVICA STRAND

Mitfahrgelegenheit

Ein kleiner Kiesstrand für eine entspannende Pause in einer Bucht mit türkisfarbenem Wasser. Die Steinhäuser, die diesen Ort umgeben, machen ihn noch schöner. Es gibt keine Parkplätze.

C STARI GRAD

Die alte Hauptstadt der Insel, in der man am Hafen entlang und durch die hübschen Gassen spazieren kann. Das Haus des Poeten Petar Hektorović kann besichtigt werden (trg Tvrdalj, 10–13 Uhr).

D DER DUFT VON LAVENDEL

Neben Oliven und Wein wird auf der Insel auch Lavendel zwischen kleinen weißen Steinmauern angebaut. Sie können ihn getrocknet oder in Form von Essenzen in den Geschäften kaufen.

E HALBINSEL KABAL

Kleine Wanderwege mit schönen Stränden in einer wilden Landschaft. Die Zufahrt erfolgt über eine asphaltierte Straße und dann über einen Schotterweg. Nehmen Sie ein Picknick mit.

 Die jeweiligen Öffnungszeiten finden Sie im Register ab S. 188.

HVAR ADRESSEN

2 DER WESTEN DER INSEL

TOUR 1

1 TOTO'S

Sveti Klement (Pakleni)

• Schöne Terrasse umgeben von einem botanischen Garten mit Blick auf das Meer (Bild).
• Einfaches und gutes Essen.
Palmižana 11 | tgl. 9–24 Uhr

2 DUBOVICA BEACH BAR

• Snackbar, die das Nötigste hat, um länger am Strand bleiben und ihn genießen zu können.
Dubovica Strand

3 EREMITAŽ

Stari Grad

• Charmantes Restaurant, schön am Wasser gelegen.
• Gute Grill- und Fischgerichte.
Obala hrvatskih branitelja 2 | Mo–Fr 18–23, Sa–So 12–15, 18–23 Uhr

4 ANTIKA (RESTO-BAR)

Stari Grad

• Einerseits eine Cocktailbar mit schöner Terrasse.
• Andererseits ein authentisches Restaurant.
Donja Kola 24 | tgl. 12–15, 18–24 Uhr

5 UVALA VELI DOLAC

Halbinsel Kabal

• Hervorragender Ort, um unter Pinien mit Blick auf das Meer zu essen.
• Die Gerichte werden im Steinofen zubereitet.
Im Süden der Halbinsel über eine unbefestigte Straße. Nicht leicht zu finden

TAGESAUSFLUG

BOL AUF BRAČ

DIE ENTDECKUNG DES GOLDENEN HORNS

- **Dauer: einfache Fahrt 50 Min. von Hvar und 20 Min. von Jelsa**
- **Katamaran Hvar – Bol: Abfahrt gegen 11, Rückkehr gegen 16 Uhr. Jelsa – Bol: Abfahrt gegen 6 oder 12, Rückkehr gegen 17 Uhr.**

DOMINIKANER-KLOSTER

500 m östl. des Hafens | Museum

Schöner Spaziergang zum Kloster aus dem 15. Jh., das auf einem Felsen errichtet wurde. Hübsche kleine Kirche.

ZLATNI RAT STRAND

2,5 km westl. des Hafens | Ein Zug fährt alle 30 Min. ab dem Hafen

Im Sommer ist es sehr voll, aber der Strand ist wunderschön. Er bildet eine Spitze aus kleinen goldenen Kieselsteinen, die ins Meer ragt. Daher auch der Spitzname Goldenes Horn. Dieser Strand ist zu einem der Wahrzeichen Kroatiens geworden.

WINDSURFEN

www.bigbluesport.com

Bol ist einer der bekanntesten Plätze in Kroatien für Windsurfer. Das Big Blue Sport Center (Podan Glavice 2, Bol) bietet Unterricht für Anfänger an. Die Ausrüstung kann man leihen.

TOUR 1
Kanal von Brač
Sutivan
Supetar
Splitska
Škrip
Dol
Šolta
Ložišća
113
114
Milna
Nerežišća
Brač
Pražnice
Očti vrh
306 m
Pustinja
Blaca
Vidova
gora
778 m
Draževac
628 m
Murvica
115
Bol
Zlatni Rat
Dominikaner-
kloster
Kanal von Hvar
Kabal
Rudina
Stari Grad
116
Hvar
276 m
Purkin
Kuk
Dol
Jelsa
Selca
Humac
395 m
Milna
akleni-Archipel
Hvar
Sv. Nedelja
Zavala
Kanal von Šćedro
Šćedro
5
10 km

VON HVAR NACH DUBROVNIK

- **Dauer: ca. 4.30 Std.**
- **Grenzübergang: 70 km vor Dubrovnik, mit Wartezeit ist zu rechnen**
- **Ohne Auto: mit dem Katamaran (4 Std.) von Hvar nach Dubrovnik. Dann mit dem Bus zum Flughafen.**
- **Alternative: Sie können einen Rückflug vom Flughafen Split nehmen (1,5 Std. mit dem Schiff).**

GRADAC

Gradac liegt in einer wunderschönen Bucht und ist der südlichste Ferienort an der Makarska-Riviera. Der mehr als 6 km lange Strand macht Gradac so berühmt.

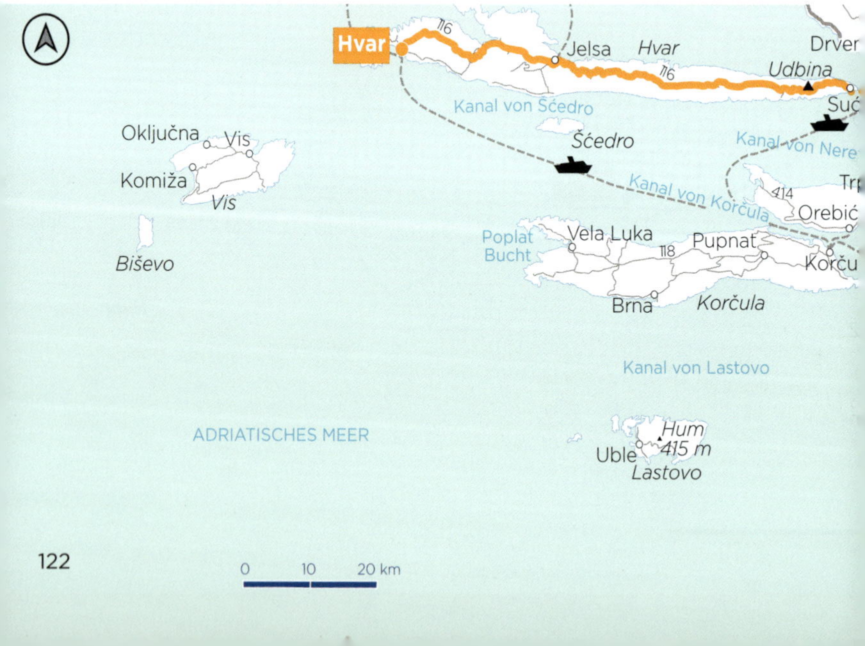

TOUR 1

NICOLO POLO
Gradac

- Hervorragende Küche, die einfach, aber raffiniert ist.
- Große Terrasse mit Blick auf das Meer.

Obala 15 | tgl. 7.30–22 Uhr

CAVTAT

- Wenn Sie vor Ihrem Rückflug von Dubrovnik noch etwas Zeit haben, sollten Sie diesen schönen, 6 km vom Flughafen entfernten Ort besuchen.

POSEJDON
Cavtat

- Eine gute und günstige Wahl in Cavtat.
- Schöne Lage unter Pinienbäumen am Meer.

Trumbićev put | tgl. 8–24 Uhr

ZAGREB — ROVINJ — PULA UND PREMANTURA — PLITVICER SEEN — ZADAR — ZAGREB

VON ZAGREB ÜBER ISTRIEN NACH ZADAR

TOUR 2

Urbane Juwelen, Naturschätze und istrisches Dolce Vita: Entdecken Sie das kroatische Festland und seine Mittelmeerküste in fünf Etappen.

1 Zagreb

Die sympathische Hauptstadt
1–2 Tage

2 Rovinj

Das istrische Juwel
2 Tage

3 Pula und Premantura

Antike und Ausruhen
1–2 Tage

4 Plitvicer Seen

16 Seen und noch mehr Wasserfälle
1 Tag

5 Zadar

Ein Glanzlicht
2–3 Tage

3 Tagesausflüge

- **Von Zagreb aus**: Trakošćan und Varaždin
- **Von Rovinj aus**: Von Poreč nach Motovun
- **Von Zadar aus**: Nationalpark Paklenica

ETAPPE 1 ZAGREB

VOM FLUGHAFEN INS ZENTRUM

Busse: 7–20 Uhr und zusätzliche Busse für späte Flüge. Die Busse fahren alle 30 Min. und erreichen den Busbahnhof in 30 Min. Das Ticket wird im Bus gekauft. **Taxi**: Die Fahrer haben ein Taxameter, über den Preis wird nicht verhandelt.

PARKEN

Zahlreiche Parkhäuser in der Stadt, die nachts billiger sind als tagsüber. Das Parken auf der Straße ist je nach Zone auf einige Stunden begrenzt: 1 Std. in Zone 1 (rot), 2 Std. in Zone 2 (gelb) und 3 Std. in Zone 3 (blau).

UNTERWEGS IN ZAGREB

Das Zentrum ist den Fußgängern und den blauen Straßenbahnen vorbehalten. Die **Oberstadt** erreicht man über Treppen oder mit der Standseilbahn in der Tomićeva-Straße. Im Rest der Stadt darf man Auto fahren. Busse und Straßenbahnen sind günstig. Infos zum Liniennetz gibt es unter www.zet.hr

ZAGREB CARD

Die Zagreb Card gibt es für einen und für drei Tage. Sie gewährt freie Fahrt mit den öffentlichen Verkehrsmitteln im Stadtzentrum sowie kostenlosen Eintritt im Zoo und in einigen Museen. Wird von Partnermuseen und Touristenbüros verkauft. Infos: www.zagrebcard.com

INFOS & ADRESSEN

- **Wichtigste Touristeninfo**: Trg bana Jelačića 11, www.infozagreb.hr
- Wir haben die Stadt in zwei Teile geteilt:
1. Gornji Grad, die Oberstadt
2. Donji Grad, die Unterstadt.
- Vom Zagreber Stadtmuseum bis zur Galerie für moderne Kunst sind es 15–20 Min. zu Fuß.

FESTIVALS

Cest is D'Best: Gegen Ende Mai wird Zagreb zu einer großen Freilichtbühne für Straßenkünstler. www.cestisdbest.com.

Dvorišta: Im Juli werden in der Oberstadt die Innenhöfe für zwei Wochen geöffnet. Es gibt temporäre Bars und Konzerte. Infos bei der Touristeninfo.

1 Gornji Grad, die Oberstadt
Donji Grad, die Unterstadt
TOUR 2
MEDVEŠĆAK
Stadtmuseum
GRADEC
KAPTOL
MARKOV TRG
Kirche der hl. Katarina
Kathedrale
Dolac-Markt
Strossmayerovo šetalište
Standseilbahn
TRG BANA JOSIPA JELAČIĆA
TRG PETRA PREDADOVIĆA
TRG BISK. J. LANGA
TRG HRVATSKIH VELIKANA
VARAŽDIN
Archäologisches Museum
TRG NIKOLE ZRINSKOG
Moderna Galerija
TRG MARŠALA TITA
Museum für Kunst und Gewerbe
National-theater
DONJI GRAD
ROOSEVELTOV TRG
Ethnografisches Museum
MAŽURANIĆEV TRG
STROSSMAYEROV TRG
Kunst-pavillon
SVAČIĆEV TRG
MARULIĆEV TRG
TOMISLAVOV TRG
STARČEVIĆEV TRG
Botanischer Garten
Branimir Centar
Museum of Contemporary Art
200 m
Krležin Gvozd
Dubravkin put
Demetrova
Nova Ves
Zvonarnička
Degen
Grskovića
Ribnjak
Novakova
Nazorova
Zamenhoffova
Kovačićeva
Tuškanac
Mesnička
Matoševa
Opatička
Kamenita
Radićeva
Tkalčićeva
Kaptol
Dežmanova
Tomićeva
Podzidom
Ilica
Vlaška
Jurišićeva
Bogovićeva
Varšavska
Gajeva
Praška
Amruševa
Teslina
Medulićeva
Dalmatinska
Frankopanska
Masarykova
Preradovićeva
Beraslavićeva
Petrinjska
Palmotićeva
Dorđićeva
Hebrangova
Boškovićeva
Mrazovićeva
Draškovićeva
Gundulićeva
Katančićeva
Baruna Trenka
Pavla
Hatza
Žerjavića
Jurja
Kumičićeva
Haulikova
Šenoina
Savska
Mihanovićeva
Vodnikova
Miramarski podvožnjak
Grgurova

ZAGREB 1 *GORNJI GRAD,* DIE OBERSTADT

Über Treppen oder die kleine Standseilbahn gelangt man in ein Labyrinth von Gassen mit barockem Charme. Am Abend konzentriert sich das rege Studentenleben in den Cafés.

HIGHLIGHTS

- A Kathedrale
- B Dolac-Markt
- C Kirche der hl. Katarina
- D Museum der zerbrochenen Beziehungen
- E Markusplatz
- F Atelier Meštrović
- G Stadtmuseum
- H Eine Krawatte kaufen

RESTAURANTS

- 1 La Štruk
- 2 Burek
- 3 Didov San
- 4 Pod gričkim topom
- 5 Stari Fijaker 900
- 6 Dubravkin Put

CAFÉS UND AUSGEHEN

- 7 Tkalčićeva, Straße der Cafés
- 8 Velvet
- 9 Booze and Blues
- 10 Vinoteka Bornstein
- 11 Funk Club
- 12 Craft room

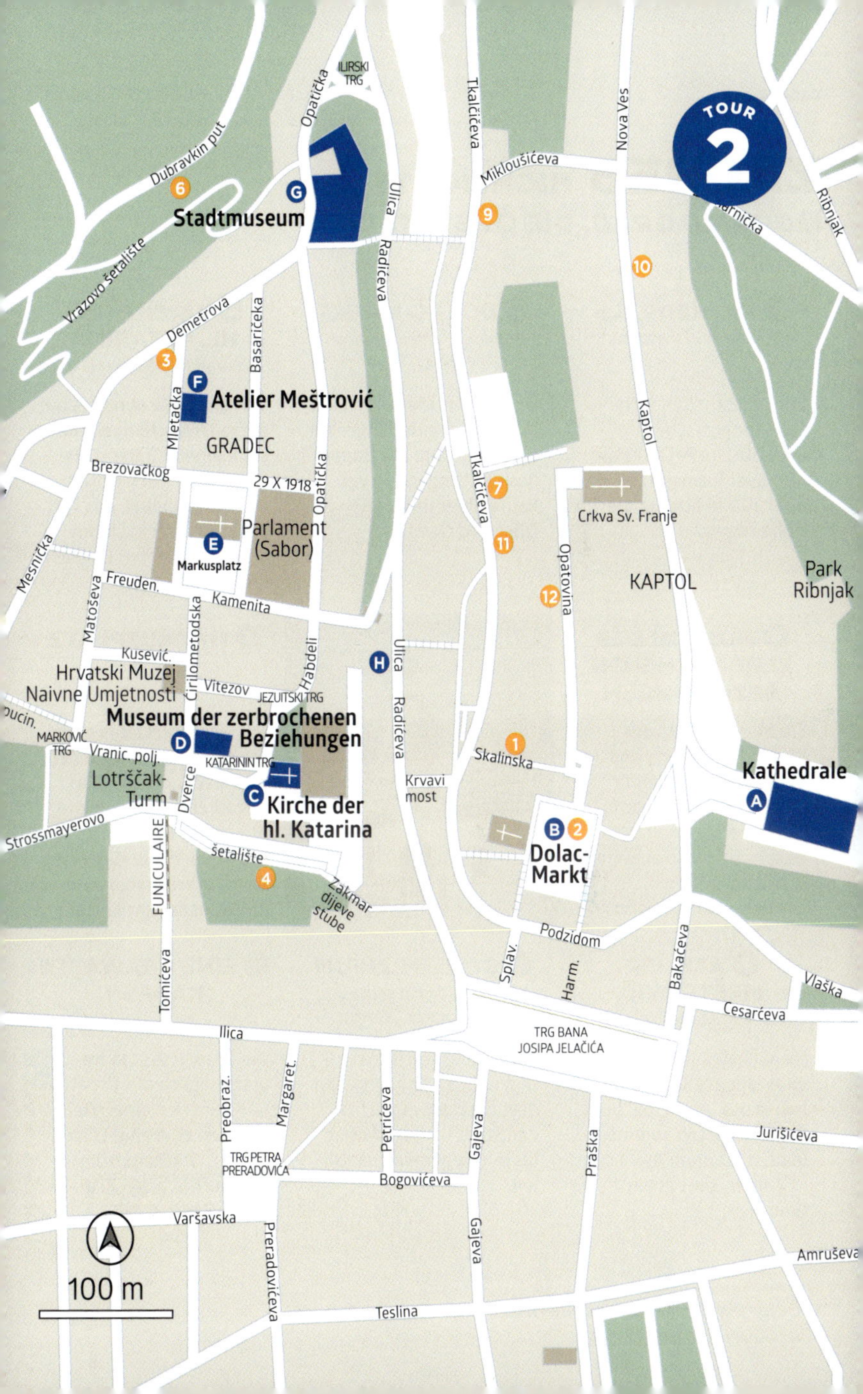

TOUR 2
Stadtmuseum
Atelier Meštrović
GRADEC
Parlament (Sabor)
Markusplatz
Hrvatski Muzej Naivne Umjetnosti
Museum der zerbrochenen Beziehungen
Lotrščak-Turm
Kirche der hl. Katarina
Crkva Sv. Franje
KAPTOL
Park Ribnjak
Kathedrale
Dolac-Markt
Krvavi most
TRG BANA JOSIPA JELAČIĆA
TRG PETRA PREPADOVIĆA
ILIRSKI TRG
JEZUITSKI TRG
KATARININ TRG
MARKOVIĆ TRG
FUNICULAIRE
Opatička
Dubravkin put
Vrazovo šetalište
Demetrova
Basaričeka
Mletačka
Brezovačkog
29 X 1918
Mesnička
Matoševa
Freuden.
Kamenita
Ćirilometodska
Kusević.
Vitezov
Habdeli
Vranic. polj.
Dverce
Strossmayerovo
šetalište
Zakmardijeve stube
Tomićeva
Ilica
Preobraz.
Margaret.
Petrićeva
Bogovićeva
Gajeva
Praška
Varšavska
Preradovićeva
Teslina
Ulica Radićeva
Tkalčićeva
Miklošićeva
Nova Ves
Ribnjak
Kaptol
Opatovina
Skalinska
Podzidom
Splav.
Harm.
Bakačeva
Vlaška
Cesarčeva
Jurišićeva
Amruševa
100 m

ZAGREB HIGHLIGHTS

1 *GORNJI GRAD,* DIE OBERSTADT

A KATHEDRALE

Kaptol 31 | Eintritt frei

Ein majestätisches Beispiel für gotische und neugotische Architektur mit zwei Turmspitzen, die über 100 m hoch in die Höhe ragen.

B DOLAC-MARKT

Dolac 9 | jeden Morgen

Dies ist der ideale Ort, um in den Alltag der Zagreber einzutauchen. Die Bauern aus der Umgebung verkaufen hier ihr bestes Obst und Gemüse.

C KIRCHE DER HL. KATARINA

Katarinin trg bb | 10–13 Uhr

Von außen lässt nichts auf die innere Schönheit dieser kleinen Kirche schließen. Sie ist ein leuchtendes Barockjuwel, das von gemalten, vergoldeten und geschnitzten Details nur so wimmelt.

D MUSEUM DER ZERBROCHENEN BEZIEHUNGEN

Ein Museum, das der Kunst des Liebens und Verlierens gewidmet ist und eine Fülle von Objekten sammelt. Jede Geschichte wird ausführlich beschrieben.

Ćirilometodska 2 | Eintritt

E MARKUSPLATZ

Der Hauptplatz des alten Stadtteils Gradec. Im Zentrum steht die St.-Markus-Kirche, die schönste Kirche der Stadt, mit ihrem Dach aus glasierten Ziegeln. Wachablösung ist am Samstag um 12 Uhr.

F ATELIER MEŠTROVIĆ

Mletačka 8 | Mo geschl. | Eintritt

Ivan Meštrović ist als einer der größten Bildhauer des 20. Jh. bekannt. Seine Arbeiten kommen in dem schönen Atelier in Zagreb sehr gut zur Geltung.

G STADTMUSEUM

Opatička 20 | Mo und in den Ferien geschl. | Eintritt

Sammlung von Kunst- und Gebrauchsgegenständen, die die Geschichte der Stadt von der Antike bis zur Gegenwart erzählen.

H EINE KRAWATTE KAUFEN

Die Krawatte stammt ursprünglich aus Kroatien und wird von einer Vielzahl von Herrenausstattern im Stadtzentrum verkauft, u. a. bei *Kravata*, Radićeva 13.

 Die jeweiligen Öffnungszeiten finden Sie im Register ab S. 188.

TOUR
2
SKALA
1

ZAGREB RESTAURANTS

1 GORNJI GRAD, DIE OBERSTADT

1 LA ŠTRUK

- Um süße oder salzige *štrukli* (gefüllte Teigtaschen) zu probieren, eine herzerwärmende lokale Spezialität, die Sie nicht auslassen sollten.

Skalinska 5 | tgl. 11–22 Uhr

2 BUREK

- Ideal für den schnellen Snack auf dem Dolac-Markt.
- Schmackhafte *bureks* mit Käse oder Fleisch.

Dolac 2 | tgl. 7–21, Sa bis 15, So bis 14 Uhr

3 DIDOV SAN

- Typisches Restaurant mit angenehmer Atmosphäre.
- Fleischspezialitäten.

Mletačka 11 | tgl. 10–23 Uhr

4 POD GRIČKIM TOPOM

- Sehr schöne Aussicht auf Zagreb an der Seilbahn.
- Gutes Essen, aber vor allem die Lage ist außergewöhnlich.

Zakmardijeve stube 5 | Mo–Sa bis 24 Uhr

5 STARI FIJAKER 900

- Lokale Spezialitäten wie *pašticada* (geschmortes Rindfleisch) oder *gulaš* (Gulasch).
- Gemütlicher Saal mit kroatischem Dekor.

Mesnička 6 | Mo–Fr 7–16, Sa–So 7–14 Uhr

6 DUBRAVKIN PUT

- Die Adresse für ein außergewöhnliches Abendessen.
- Ausgezeichnete kroatische Weine.

Dubravkin Put 2 | Mo–Sa 12–24 Uhr | © 014/83 49 75

TOUR 2

ZAGREB CAFÉS UND AUSGEHEN

1 *GORNJI GRAD,* DIE OBERSTADT

7 TKALČIĆEVA, STRASSE DER CAFÉS

- Zum Ausruhen mit einem Kaffee: ein kroatisches Ritual.
- Auch ein guter Ort, um den Abend zu beginnen und einen Aperitif zu trinken.

Tkalčićeva

8 VELVET

- Ideal für einen Kaffee mit einem Stück Kuchen.
- Sehr schöne und gemütliche Inneneinrichtung.

Dežmanova 9 | tgl. 8–22 Uhr

9 BOOZE AND BLUES

- Tolle rockige Atmosphäre.
- Rock- oder Blueskonzerte von Donnerstag bis Samstag.

Tkalčićeva 84 | Mo–Sa 10–22 Uhr

10 VINOTEKA BORNSTEIN

- Verkostung von kroatischen Weinen.
- Sehr gute Beratung durch das leidenschaftliche Personal.

Kaptol 19 | Mo–Sa 10–23.30 Uhr

11 FUNK CLUB

- Gute Stimmung tagsüber und abends.
- Am Abend füllt sich der Weinkeller, wenn die DJs Elektro auflegen.

Tkalčića 52 | tgl. 9–22 Uhr

12 CRAFT ROOM

»Über 200 Biere aus Kroatien und aller Welt, begleitet von einer sehr guten Auswahl an Snacks im Tapas-Stil.«

Opatovina 35 | So–Do 14–24, Fr–Sa bis 1 Uhr

ZAGREB 2 *DONJI GRAD,* DIE UNTERSTADT

Die Atmosphäre unterscheidet sich von der in der Oberstadt. Die Architektur, die breiten Straßen und die österreichisch-ungarischen Fassaden vermitteln das Gefühl, in Wien zu sein.

HIGHLIGHTS

- A Ban-Jelačić-Platz
- B Zagreb 360°
- C Archäologisches Museum
- D Nikola-Šubic-Zrinski-Platz
- E Moderna Galerija
- F Museum of Contemporary Art
- G Mus. der Illusionen

RESTAURANTS

1. Pingvin
2. Good Food
3. Heritage
4. Bistro Fotić
5. Mali Bar
6. Boban
7. Submarine Burger

SÜSSE PAUSEN

8. Millenium
9. Verde
10. Cogito Coffee
11. Vincek
12. Café U Dvorištu
13. Torte I To

AUSGEHEN

14. Hemingway Lounge Bar
15. Swanky Monkey
16. Boogie klub
17. Bacchus Jazz Bar
18. Mojo Bar
19. Tvornica Kulture
20. Vintage Industrial bar
21. Aquarius

MEINE LIEBLINGSADRESSEN IN ZAGREB

ZAGREB HIGHLIGHTS

2 *DONJI GRAD*, DIE UNTERSTADT

A BAN-JELAČIĆ-PLATZ

Das Herz von Zagreb und der Treffpunkt für die ganze Stadt. Im Zentrum steht die Reiterstatue des Ban Jelačić, des kroatischen Helden, der sich den Ungarn entgegenstellte.

B ZAGREB 360°

Ilica 1a | Eintritt

»Steigen Sie bis zur Spitze dieses Turms hinauf und genießen Sie einen herrlichen Blick auf die gesamte Stadt.«

C ARCHÄOLOGISCHES MUSEUM

Fundstücke aus der Umgebung von Zagreb und ganz Kroatien – von der Vorgeschichte bis zum Mittelalter. Sehr schöne ägyptische Sammlung.

Trg N. Š. Zrinskog 19 | Mo geschl. | Eintritt

D NIKOLA-ŠUBIĆ-ZRINSKI-PLATZ

Der schönste Platz im neuen Zagreb, umgeben von Platanen mit Statuen und Springbrunnen. Der älteste Teil in einer langen Reihe von Plätzen und Gärten.

E MODERNA GALERIJA

Hebranga 1 | Mo geschl. | Eintritt

Gemälde, Skulpturen und Aquarelle der größten kroatischen Künstler des 19. und 20. Jhs. Das Ganze wird in einem wunderschönen Neo-Renaissancepalast präsentiert.

F MUSEUM OF CONTEMPORARY ART

Im 3. Stock angekommen, kann man über die riesige Rutsche des deutschen Objektkünstlers Carsten Höller wieder nach unten rutschen.

Av. Dubrovnik 17 | Mo geschl. | Eintritt

G MUSEUM DER ILLUSIONEN

Ilica 72 | Eintritt

»Interessant für jedes Alter. Ich komme gern hierher, um außergewöhnliche und völlig abgedrehte Fotos zu machen.«

 Die jeweiligen Öffnungszeiten finden Sie im Register ab S. 188.

ZAGREB RESTAURANTS

TOUR 2

2 DONJI GRAD, DIE UNTERSTADT

1 PINGVIN

- Kroatisches Fast Food und eine Institution in Zagreb.
- Sandwiches zum Selbstzusammenstellen, gute Auswahl an Belägen.

Nikole Tesle 10 | Mo–Sa 10–24 Uhr

2 GOOD FOOD

- Fast Food mit dem Etikett »Gutes Essen«.
- Auch Salate und vegetarische Gerichte.

Nikole Tesle 7 | Mo–Do 10–23, Fr–So 10–24 Uhr

3 HERITAGE

- Ausgezeichnete kroatische Tapas.
- Frische, hausgemachte Produkte.

Petrinjska 14 | Di–So 12.15–20 Uhr

4 BISTRO FOTIĆ

- Gemütliches Lokal mit kleinem Fotomuseum.
- Gute Küche, u. a. mit hausgemachten Nudeln.

Gajeva 25 | Mo–Sa 8–23 Uhr

5 MALI BAR

»Köstliche und harmonische Gerichte, die von der kroatischen Küchenchefin Ana Ugarković erdacht wurden. Gute Weinkarte.«

Vlaška 63 | Mo–Sa 12.30–24 Uhr | Reservierung © 015/53 10 14

6 BOBAN

- Grillgerichte und italienische Spezialitäten in angenehmer Umgebung.
- Große Auswahl an hausgemachten Nudeln: Ravioli, Lasagne und mehr.

Gajeva 9 | tgl. 11–23 Uhr

7 SUBMARINE BURGER

»Ausgezeichnete Burger, Salate und Pommes. Probieren Sie die ›Sliders‹ mit den ›Truffle Grana Padano‹-Pommes. Mehrere Filialen.«

Frankopanska 11, Bogovićeva 7 | Mo–Sa 11–23

ZAGREB SÜSSE PAUSEN

2 DONJI GRAD, DIE UNTERSTADT

8 MILLENIUM

- Die beste Eisdiele in der Stadt.
- Große Auswahl an Eissorten und Sorbets.

Bogovićeva 7 | tgl. 9–24 Uhr

9 VERDE

»Tagsüber einen Kaffee trinken, abends etwas trinken oder essen – was auch immer Sie wählen, es wird gut sein! Schattige Oase im Sommer.«

Martićeva 63 | Mo–Fr 7–22, Fr–So 8–16 Uhr

10 COGITO COFFEE

- Zweifelsfrei das beste Café in Zagreb.

Varšavska 11 | Mo–Fr 8–20, Sa 9–19 Uhr

11 VINCEK

- Die beste Konditorei der Stadt.
- Große Auswahl und gutes Eis.

Ilica 18 | Mo–Sa 9–22 Uhr

12 CAFÉ U DVORIŠTU

- Niedliche versteckte kleine Gasse, in der man einen Bio-Kaffee oder Tee trinken kann.
- Im angeschlossenen Laden gibt es Eis.

Jurja Žerjavića 7/2 | Mo–Fr 9–20, Sa–So 9–15 Uhr

13 TORTE I TO

»Eine Kaffeepause, die man nicht verpassen sollte! Die Auswahl ist schwer, aber das Vergnügen garantiert.«

Nikole Tesle 7 und Babonićeva 121 | Mo–Sa 8–23, So 9–23 Uhr

ZAGREB AUSGEHEN

TOUR 2

2 *DONJI GRAD*, DIE UNTERSTADT

14 HEMINGWAY LOUNGE BAR

- Für ein Getränk auf der Terrasse mit Blick auf das Nationaltheater.
- Kleiner Imbiss.

Trg Republike Hrvatske 1 | Mo–Sa 7–23 Uhr

15 SWANKY MONKEY GARDEN

- Ruhige Terrasse im Grünen.
- Abends gute Stimmung und gelegentliche Veranstaltungen (Konzerte, DJs).

Ilica 50 | tgl. 11–24, Fr, Sa bis 2 Uhr

16 BOOGIE KLUB

»Jazz, Latin, Soul und Funk von kroatischen oder ausländischen Künstlern. Drei Stockwerke, drei verschiedene Stimmungen.«

Margaretska 1 | Mo–Sa 9–24 Uhr

17 BACCHUS JAZZ BAR

- Angenehme Terrasse in einem Innenhof, die von Einheimischen besucht wird.
- An den Wochenenden abends Konzerte.

Trg kralja Tomislava 16 | Mo–Sa 9–24, So 16–24 Uhr

18 MOJO BAR

- Partyatmosphäre in einer Bar, die Bier und lokalen *rakija* ausschenkt.
- Regelmäßig Konzerte.

Martićeva 5 | tgl. 7–24 Uhr

19 TVORNICA KULTURE

- Riesiger Nachtclub.

Šubićeva 2 | tgl. 20–2, Fr–Sa bis 4 Uhr | Eintritt je nach Programm

20 VINTAGE INDUSTRIAL BAR

»Eine großartige Bar, um sich unter die Einheimischen zu mischen oder ein Konzert zu genießen. Das Programm ändert sich jeden Abend.«

Savska 160 | Di–So 9–24 Uhr

21 AQUARIUS

- Beliebter Club bei Einheimischen mit berühmten DJs.
- Terrasse mit Blick auf den Jarun-See.

Aleja Matije Ljubeka, bb (südl. des Zentrums, 30 Min. mit dem Auto) | Fr, Sa bis 4 Uhr

TAGESAUSFLUG VON ZAGREB

TRAKOŠĆAN UND VARAŽDIN

ÜBER ZAGORJE ZUM BAROCKJUWEL

- **Hinfahrt: 2 Std. über die A 2/E 59, Richtung Krapina, weiter nach Gornji Macelj und dann nach Trakošćan. Von dort aus nach Varaždin.**
- **Zurück: 1.15 Std. über die A 4/E 65 nach Zagreb**

TRAKOŠĆAN

Schloss kann besichtigt werden | Eintritt

Dieser Abstecher führt durch die grüne Landschaft von Zagorje. Das neugotische Schloss wurde auf einem bewaldeten Hügel erbaut. Blick auf einen See, in dem man schwimmen kann.

KÖNIG-TOMISLAV-PLATZ

Varaždin

Historisches Stadtzentrum – die Zeit scheint stehen geblieben. Rund um den Platz befinden sich die schönsten Paläste der Stadt. Besichtigen Sie auch den Sermage-Palast.

Trg Miljenka Stančića 3

KATHEDRALE

Varaždin

Das barocke Gebäude beherbergt ein kunstvoll gearbeitetes Altarbild von Mariä Himmelfahrt. Während des Barockmusikfestivals Ende September finden in der Kathedrale Konzerte statt.

STADTMUSEUM

Varaždin | Mo und Sa Nachmittag geschl. | Eintritt

Die gewaltige weiße Festung beherbergt eine interessante Sammlung von Möbeln aus der Renaissance, dem Rokoko und dem Empire.

Strossmayerovo šetalište 7

VERGLEC

Varaždin

- Mitten im Zentrum.
- Lokale Küche zu sehr günstigen Preisen.

S.S. Kranjčevića 12 | tgl. 10–22, Fr, Sa bis 23 Uhr

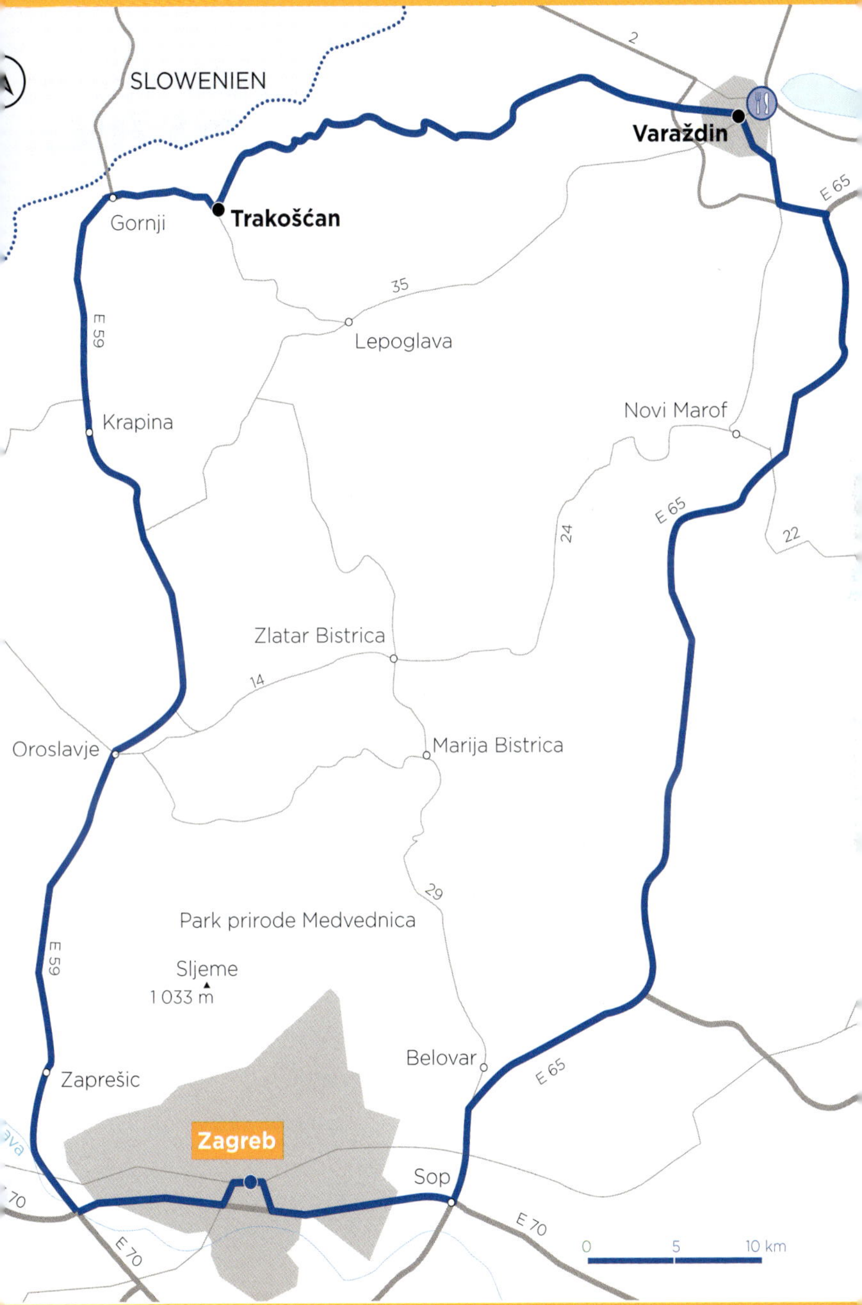

SLOWENIEN
2
Varaždin
Trakošćan
Gornji
E 65
35
Lepoglava
E 59
Krapina
Novi Marof
E 65
24
22
Zlatar Bistrica
14
Oroslavje
Marija Bistrica
29
Park prirode Medvednica
E 59
Sljeme
1 033 m
Belovar
Zaprešic
E 65
Zagreb
Sop
70
E 70
E 70
0
5
10 km

VON ZAGREB NACH ROVINJ

- **Dauer: 3.30 Std. über die E 65 und die E 751, dann über die D 303 (259 km)**
- **Ohne Auto: tgl. sehr viele Busverbindungen**

RIJEKA

Rijeka ist eine lebhafte Hafenstadt und war europäische Kulturhauptstadt 2020. Sie ist berühmt für ihren **Karneval**, den größten in Kroatien: Über einen Monat lang wird gefeiert (gegen Mitte Jan. bis Anfang März). Spazieren Sie entlang des **Korzo**, dem Treffpunkt der Einheimischen mit seinen Geschäften und Cafés, und steigen Sie hinauf zum **Kastell von Trsat** für den Panoramablick auf die Stadt und ihre Bucht.

TOUR 2

OPATIJA

Schöne Aussicht auf die Kvarner Bucht vom Wanderweg **Lungomare** (Franz-Joseph-Promenade), der an der Küste entlang führt. Buchten und Plattformen laden zum Baden ein.

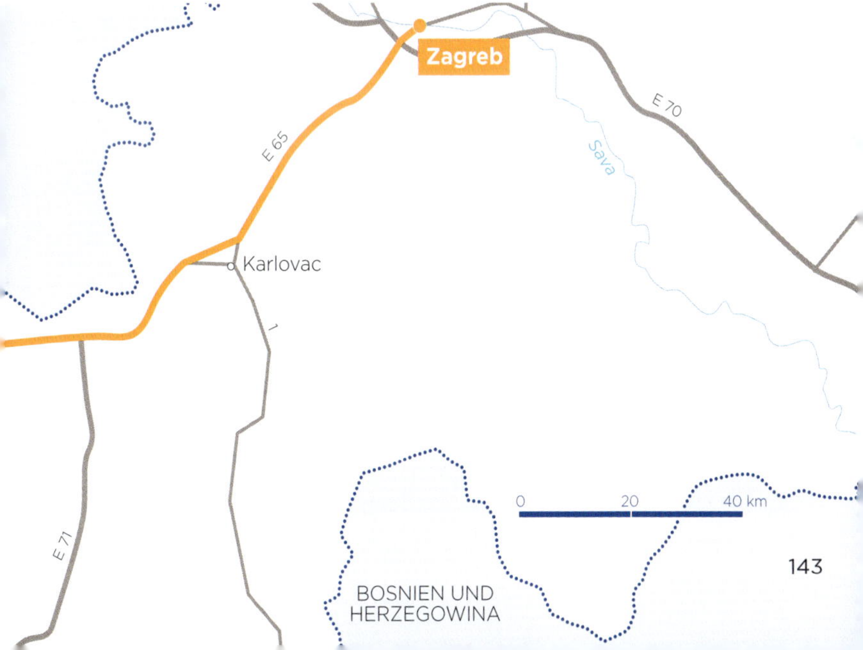

ETAPPE 2 ROVINJ

Auf der romantischen Halbinsel, dem Juwel Istriens, das so nah an Italien liegt, dass es für das kroatische Dolce Vita steht, lässt es sich gut leben.

Fußgängerzone in der Altstadt. Kostenlose Parkplätze in der ul. Istarska, in der Nähe der Polizeistation, 15 Min. zu Fuß vom Zentrum entfernt. Gebührenpflichtige Parkplätze 100 m nordöstl. des Zentrums.

Touristeninfo: Pina Bucina 12, www.tzgrovinj.hr

HIGHLIGHTS

- A Trg Maršala Tita
- B Balbi-Bogen
- C Ul. Grisia
- D Kathedrale der hl. Eufemija
- E Uferstraße
- F Batana-Haus
- G Limski Fjord

ADRESSEN

1. B 052
2. Trg Maršala Tita
3. Pizzeria Da Sergio
4. Veli Jože
5. Monte
6. La Puntulina
7. Valentino Cocktail
8. Mediterraneo Bar
9. Habana

CAMPINGPLÄTZE
TOUR 2
Obala palih boraca
Augusta Ferria
Fontera
Androna Leme
Gortana
Pazinska
Augusta Ferria
E. de Amicisa
Vladimira
Carera
Obala Aldo
Pietra Ive
Driovier
ADRIATISCHES MEER
TRG VALDIBORA
TRG G. PIGNATONA
TRG NA MOSTU
Markt
Giuseppea Garibaldia
Stadtmuseum
Trg Maršala Tita
Budicina
Balbi-Bogen
Limski Fjord
Vladimira Švalbe
Monte
Casale
Grisia
Obala Pina
Bregovita
Garzotta
Montalbano
Batana-Haus
Vladimira Švalbe
Kathedrale der hl. Eufemija
Grisia
Amolongo
Montalbano
Trevisol
Montalbano
Svetoga Križa
Uferstraße
Šetalište braće Gnot
100 m

ROVINJ HIGHLIGHTS

A TRG MARŠALA TITA

Italienisch anmutender, zum Fischerhafen ausgerichteter Platz. Von Terrassen gesäumt, auf denen man einen Kaffee trinken kann. Schöner Uhrenturm im venezianischen Stil auf einer Seite des Platzes.

B BALBI-BOGEN

Balbijev luk

Er wurde Ende des 17. Jhs. erbaut und befindet sich an der Stelle, an der das Haupttor der mittelalterlichen Stadt war. Der Löwe von Venedig zeugt von der damaligen venezianischen Autorität.

C UL. GRISIA

Charmante Altstadtgasse, die vom Balbi-Bogen ausgeht und sanft zur Kathedrale hinunterführt. Zahlreiche Stände und Galerien entlang der gesamten Strecke.

D KATHEDRALE DER HL. EUFEMIJA

Trg Sv. Eufemije

Das schöne Bauwerk dominiert die Altstadt. Sein Glockenturm, der höchste in der Region, wurde nach dem Vorbild des Glockenturms auf dem Markusplatz errichtet.

E UFERSTRASSE

Folgt man den Uferstraßen der Halbinsel, Sv. Križa, Šetalište braće Gnot und V. Švalbe, kann man die Stadt zwischen den Gassen, ihren schönen Häusern und der Adria entdecken.

F BATANA-HAUS

Obala Pina Budicina 2

Die Batana ist ein traditionelles Boot mit flachem Boden, das früher von den Fischern benutzt wurde. Kinder werden die spielerischen und interaktiven Aspekte des Museums lieben.

G LIMSKI FJORD

Kostenpflichtiger Ausflug

Das spektakulärste Naturerlebnis in Istrien. In einer Agentur kann man eine Schiffstour in den Meeresarm buchen. **Delfin Excursion** zeigt Ihnen den Fjord mit einem Schnellboot.

 Die jeweiligen Öffnungszeiten finden Sie im Register ab S. 188.

TOUR
2

ROVINJ ADRESSEN

1 B 052

- Gute Eisdiele.
- Schokolade ist vom Feinsten!

Carera 65 | tgl. 10–22 Uhr

2 TRG MARŠALA TITA

- Eisdielen, Cafés und schöne Terrassen.
- Ein Platz zum Verweilen, um den Blick auf den Fischerhafen zu genießen und die Passanten zu beobachten.

3 PIZZERIA DA SERGIO

- Köstliche Pizzas mit hauchdünnem Teig und tollem Belag.
- Vor Ort oder zum Mitnehmen.

Grisia 11 | Di–So 16–22 Uhr

4 VELI JOŽE

- Gemütliche Einrichtung, die von überall her zusammengetragen wurde.
- Einfache und gute traditionelle Küche.

Sv. Križa 1 | tgl. 11–24 Uhr

5 MONTE

- Der Chefkoch serviert Außergewöhnliches mit großer Finesse.
- Gute Weinkarte.

Montalbano 75 | tgl. 18.30–23.30 Uhr | Reservierung © 052/83 02 03

6 LA PUNTULINA

- Spektakuläre Terrasse mit Blick auf die Adria.
- Gute mediterrane Küche.

Sv. Križa 38 | Do–Mo 13–23, Di–Mi 18–23 Uhr | Reservierung abends © 052/81 31 86

7 VALENTINO COCKTAIL

- Auf den Felsen sitzend kann man den Sonnenuntergang bewundern.
- Die Cocktails sind nicht günstig, aber die Lage macht das wett.

Sv. Križa 28 | Sommer tgl. 18–1 Uhr

8 MEDITERRANEO BAR

- Gute Cocktails mit frischen Früchten.
- Schöne Terrasse mit bunten Möbeln direkt am Meer.

Sv. Križa 24 | tgl. 10–24 Uhr

9 HABANA

- Lounge-Bar mit kubanischem Ambiente.
- Blick auf den Hafen.

Obala Alda Negria bb | tgl. 9–24 Uhr

TOUR
2

TAGESAUSFLUG VON ROVINJ

VON POREČ NACH MOTOVUN

KULTUR- UND FEINSCHMECKERROUTE DES ISTRISCHEN NORDWESTENS

- **140 km lange Schleife, 2.50 Std. Fahrzeit ohne Stopps für Besichtigungen**
- **Rechnen Sie mit ca. 45 Min. nach Poreč, dem ersten Halt, und weiteren 1.10 Std. nach Motovun**

DIE ROUTE

Planen Sie den ganzen Tag für die Besichtigungen ein.

- Wenn Sie die Weinstraße über Poreč, Grožnjan und Motovun nehmen, schlagen Sie zwei Fliegen mit einer Klappe: Sie können wunderschöne Städte besuchen und gleichzeitig istrische Weine, das angeblich beste Olivenöl der Welt und weiße Trüffel, eine seltene Delikatesse aus der Region, probieren.
- Das Tourismusbüro in Poreč hat Informationen über Olivenöl und die Weinstraße (Zagrebačka 9, tgl.).

POREČ

Wenn Sie nur einen kurzen Abstecher machen, sollten Sie nach Poreč fahren. Besuchen Sie die Euphrasius-Basilika und genießen Sie den Sonnenuntergang. Mehrere Weinkeller in der Gegend.

GROŽNJAN

Typisches istrisches Dorf auf einem Hügel. Die Stadt, in der Maler, Bildhauer und Schauspieler leben, wird im Juli mit dem Festival *Jazz is Back!* zur Konzertbühne.

MOTOVUN

Die Zitadelle auf dem Hügel ist eine alte venezianische Festung, deren Mauern heute als Promenade dienen. Von hier aus haben Sie einen herrlichen Blick auf die Weinberge unterhalb der Stadt!

KONOBA MONDO

Motovun

- Köstliche Pasta.
- Gute Gelegenheit, den weißen Trüffel aus Istrien zu probieren.

Barbican 1 | Mi–Mo 12–22 Uhr

TOUR
2
Grožnjan
Oprtalj
Motovun
Vizinada
Karojba
Prhati
Višnjan
Nova
Vas
Beram
Poreč
Tinjan
Kringa
Funtana
Dvigrad
Vrsar
Žminj
Kanfanar
RIATISCHES
MEER
Limski Fjord
Kurili
Rovinj
Svetvinčenat
Mirna
0
2,5
5 km

VON ROVINJ NACH PULA

- **Dauer: 45 Min. (40 km)**
- **Ohne Auto: Mehrere Busse pro Tag fahren nach Pula**

BALE

Mittelalterliches Städtchen auf einem Hügel. Das kleine Viertel innerhalb der Burgmauern ist ein Schmuckkästchen. Jazz-Konzerte Ende Juli/Anfang August.

LA GRISA

Bale

- Für einen Halt im feudalen Viertel von Bale.
- Istrische Produkte stehen im Mittelpunkt (Wein, Trüffel, Olivenöl).

La Grisa 23 | Nov.–März Di–So 12–22, April–Okt. tgl. 12–23 Uhr

VODNJAN

Am schönen Narodni trg gibt es einige bemerkenswerte Gebäude. Die Mumien in der Kirche des hl. Blasius sind erstaunlich gut erhalten. Überall kann man Öl aus den umliegenden Olivenhainen kaufen.

TOUR 2
Nova Vas
Beram
Pazin
ti Nikola
Poreč
302
48
21
A8 E7 51
Sv. Petar u Šumi
3
Dvigrad
Vrsar
Limski Zaljev
Kanfanar
Žminj
Raša
303
Rovinj
Zlatni rat
Sv. Andrija
Sv. Ivan
Bale
Svetvinčenat
Barban
66
A9 E7 51
Barbariga
Vodnjan
Mali Brijuni
Nationalpark Brijuni
Brijuni
Fažana
Veli Brijuni
Pula
Valkane Bucht
Valsaline Bucht
Verudela
Tvrđava Bourguignon
Medulin
Premantura
Pointe Marlera
Pinižule Bucht
Kap Kamenjak
10
20 km

ETAPPE 3 PULA UND PREMANTURA

UNTERWEGS

- **Zu Fuß** im Stadtzentrum von Pula.
- Außerhalb des Zentrums **mit dem Bus**: pulapromet.com.
- Nach Premantura im Süden von Pula kommt man mit dem Bus (Linie 28).

MAUTSTELLE IN PREMANTURA

In Premantura ist eine Mautgebühr zu entrichten, um mit dem Auto auf die Halbinsel Kamenjak zu gelangen, die im Sommer wegen ihrer zahlreichen Kiesstrände und felsigen Buchten mit blaugrünem Wasser beliebt ist. Die Schotterstraßen und Feldwege eignen sich hervorragend zum Mountainbiken.

PARKEN

Auf dem großen Parkplatz unterhalb des Amphitheaters in Pula. Anderswo ist es billiger, aber die Plätze sind knapper. In einigen Ecken kann man kostenlos parken, z. B. in der Gladijatorska ul. oberhalb des Amphitheaters.

INFOS & ADRESSEN

Tourismusbüro: Forum 3, pulainfo.hr

TOUR
2
Štinjan
66
1 Pula
Jadreški
Šišan
5119
Vintijan
Pomer
Banjole
Medulin
2 Premantura
Premantura
ADRIATISCHES
MEER
Halbinsel
Kamenjak
Kap Kamenjak
2
4 km

PULA UND PREMANTURA

1 PULA

Im Herzen der Industriemetropole verbirgt sich eine tausendjährige Stadt, die mit römischen Überresten gespickt ist. Das imposante antike Amphitheater ist bis heute erhalten geblieben.

SEHENSWERTES	ADRESSEN
A Amphitheater	1 Markt
B Gladiatorenkämpfe	2 Jupiter
C Archäologisches Museum	3 Hook & Cook
D Zwillingstor	4 Caffe Uliks
E Sergierbogen	5 Milan
F Forum	6 Enoteca Istriana
G Augustustempel	7 Batelina

TOUR 2
ADRIATISCHES MEER
Marina
Riva
Kathedrale
Olivenöl-Museum
Zerostrasse
Archäologisches Museum
Schloss und historisches Museum
Zwillingstor
Herkulestor
Amphitheater
Arenen
Rathaus
gustus-tempel
Forum
Römisches Mosaik
Sergierbogen
Markt
NARODNI TRG
GIARDINI TRG
DANTEOV TRG
TRG N MOST
Kolodvorska ulica
Tršćanska ulica
Splitska ulica
Ulica Starih Statua
Skaleta
Gladijatorska ul.
Emova ulica
Flavijevska ulica
Amfiteatarska ul.
Scalierova ulica
Ul. Sv. Ivana
Ulica Sv. Teodora
Carrarina
Dubrovačke Brat
Ulica Croazia
Teslina ulica
Istarska ulica
Kandlerova ulica
Ulica Castropola
Sv. Roko
Konzula Istranina
Grandinski Upson
Sv. Franje
Sv. Nikole
Flaciusova ulica
Maksimilijanova ul.
Sergijevaca
Portarata
Flanatička ulica
Laginjina ul.
Držićeva ul.
Anticova ulica
Dobrilina
Dobricheva ulica
Epulonova ulica
Zadarska ulica
Veronska ul.
Trieska ul.
Rakovčeva ulica
Cankarova
100 m

PULA UND PREMANTURA

1 PULA SEHENSWERTES

A AMPHITHEATER

Flavijevska ul. | Eintritt

Diese Arena aus dem 1. Jh. ist das Wahrzeichen von Pula und sehr gut erhalten. Im Sommer finden einmal wöchentlich Konzerte und nachgestellte Gladiatorenkämpfe statt.

B GLADIATORENKÄMPFE

Amphitheater | Eintritt

Im Sommer »kämpfen« an einem Abend in der Woche die Gladiatoren im Amphitheater (Informationen im Tourismusbüro und unter www.spectaculaantiqua.com).

C ARCHÄOLOGISCHES MUSEUM

Carrarina 3 | Eintritt

Auf drei Ebenen durchläuft man die Epochen von der Vorgeschichte bis zum Mittelalter. Höhepunkt ist ein Saal, der Nesactium, einer bedeutenden archäologischen Stätte in Istrien, gewidmet ist.

D ZWILLINGSTOR

Das Zwillingstor besteht aus zwei identischen Bögen, daher der Name. In der Antike führte das Tor direkt in das kleine römische Theater.

E SERGIERBOGEN

Flanatička ul.

Der Sergierbogen wurde um 29 v. Chr. von Salvia Postuma Sergia in Auftrag gegeben. Damals stand er vor dem reich verzierten Goldenen Tor, dem Haupttor der Stadt.

F FORUM

Der Hauptplatz von Pula seit der Antike. Er ist das pulsierende Herz der Stadt, wo man auf einer Terrasse am Meer einige römische Überreste betrachten kann.

G AUGUSTUSTEMPEL

Forum | Eintritt

Der einzige verbliebene römische Tempel an diesem Ort, an dem sich in der Antike mehrere befanden. Der Augustustempel ist sehr klein, aber elegant.

 Die jeweiligen Öffnungszeiten finden Sie im Register ab S. 188.

TOUR 2

PULA UND PREMANTURA

1 PULA ADRESSEN

1 MARKT

- Für das schnelle Mittagessen in einer besonderen Atmosphäre.
- Günstige Snackbars im Obergeschoss.

Narodni trg

2 JUPITER

- Gute Pizzen aus dem Holzofen.
- Rustikales Ambiente im Inneren. Überdachte Terrassen.

Castropola 42 | Mo–Sa 12–23, So 13–23 Uhr

3 HOOK & COOK

»Nachhaltiger Fischfang und kreative Küche. Ich liebe das Konzept. Es gibt, was die beiden Besitzer gefangen haben.«

Sergijevaca 18 | Hauptsaison tgl. 11–22 Uhr

4 CAFFE ULIKS

- Trinken Sie einen Kaffee oder einen Cocktail an der Seite von James Joyce.

Trg Portarata 1 | Mo–Sa 7–2 Uhr

5 MILAN

- Eines der besten Restaurants in Istrien.
- Gelungene Weinbegleitung zu den Gerichten.

Stoja 4 | ✆ 052 300 200

6 ENOTECA ISTRIANA

- Weinverkostung auf dem Hauptplatz.
- Probieren Sie einen Malvazija (Weißwein), falls Sie das noch nicht getan haben.

Forum 11 | tgl. 8–22 Uhr

7 BATELINA

3 km von Pula

- Eine ausgezeichnete lokale Institution.
- Frisches aus dem Meer, raffiniert zubereitet.

Čimulje 25 | Mo–Sa 17–23 Uhr | Reservierung ✆ 052/57 37 67

PULA UND PREMANTURA

2 PREMANTURA

In dieser Gegend von Istrien verstecken sich hinter einer dichten Macchia zahlreiche Strände und Buchten entlang der Halbinsel.

PARK VON KAMENJAK

- Premantura erreicht man mit dem Bus (Linie 28) von Pula.
- Um zum Kap Kamenjak zu gelangen, nimmt man das Auto oder mietet sich in Premantura ein Fahrrad.
- Die Einfahrt mit dem Auto in den Park ist kostenpflichtig. Für Fußgänger und Fahrradfahrer ist der Besuch kostenlos. Ein Plan des Parks und Müllbeutel werden am Eingang ausgehändigt.
- Parkplätze gibt es in der Nähe der Strände.

SEHENSWERTES & ADRESSEN

A Kap Kamenjak
B Portić Strand
C Pinižule Bucht
D Gornji Kamenjak
1 Safari Bar
2 Portić Beach Bar
3 Ancora

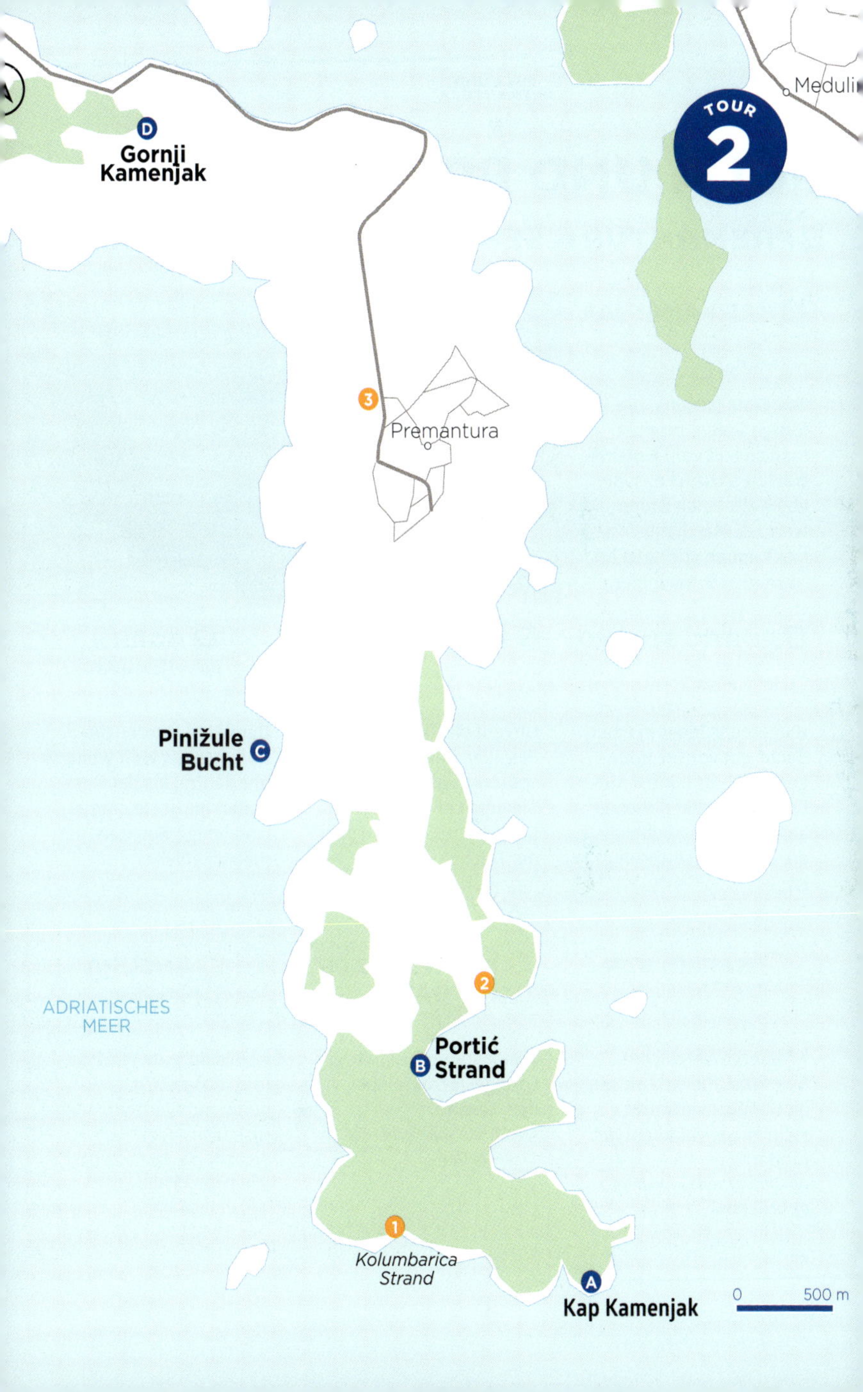

TOUR
2
Medulin
D
Gornji Kamenjak
3
Premantura
Pinižule Bucht
C
2
ADRIATISCHES MEER
B
Portić Strand
1
Kolumbarica Strand
A
Kap Kamenjak
0
500 m

PULA UND PREMANTURA

2 PREMANTURA SEHENSWERTES & ADRESSEN

A KAP KAMENJAK

Das Ende Istriens. Die felsige Spitze erreicht man zu Fuß vom **Kolumbarica Strand** aus, der ebenfalls einen Stopp wert ist. Man kann von den Klippen springen und zu Höhlen schwimmen.

B PORTIĆ STRAND

Hier ist das Meer in einer Bucht gut vor Strömungen geschützt. Ideal mit Kindern. Direkt daneben liegt die Bucht Debeljak, die ebenfalls sehr ruhig ist.

C PINIŽULE BUCHT

Um auf die Jagd nach Fossilien und Dinosaurierspuren zu gehen, folgen Sie dem Lehrpfad, der 50 m rechts vom Eingang der Bucht beginnt.

D GORNJI KAMENJAK

Der wilde Norden der Halbinsel ist weit weniger überlaufen als der Rest. Selbst im Hochsommer sind einige Buchten fast menschenleer.

1 SAFARI BAR

- Außergewöhnliche Snackbar, die sich mitten im Bambus versteckt.
- Ein Muss, vor allem mit Kindern.

Am Strand von Kolumbarica | tgl. 8–22 Uhr

2 PORTIĆ BEACH BAR

- Snackbar mit schattiger Lounge-Terrasse über dem Strand.

Am Strand von Portić | tgl. 10.30–21 Uhr

3 ANCORA

Premantura

- Ein sehr gutes Restaurant, das den Schwerpunkt auf Fisch und Meeresfrüchte legt.

Selo 144 | Di–So 12–23 Uhr, Winter geschl.

TOUR
2

VON PULA AN DIE PLITVICER SEEN

- **Dauer: 4 Std. (270 km)**
- **Nehmen Sie die A 9/E 751, E 65 bis Senj, dann die D 23, D 50, D 52 und D 1**
- **Ohne Auto: Achtung, von Pula fahren keine Busse nach Plitvice**

CRIKVENICA

Schöner kleiner Hafen. Nicht weit entfernt liegt ein hübscher Kiesstrand, an dem Sie in der Kvarner Bucht baden können.

DIDA

Crikvenica

- Köstlich und regional: hausgemachte Nudeln, Trüffelgerichte, große Auswahl an Olivenölen.
- Service mit viel Liebe zum Detail.

Šetalište Vladimira Nazora 77 | tgl. 12–23 Uhr

SENJ

Historischer Ort mit einer Stadtmauer, in dem es sich lohnt, einen Spaziergang zu der auf einem Hügel gelegenen Festung Nehaj zu machen und anschließend im Zentrum einen Kaffee zu trinken.

TOUR 2
SLOWENIEN
ALIEN
Karlovac
E 65
E 61
E 65
Hum
E 751
Rijeka
Trsat
Pazin
302
VELIKA KAPELA
Crikvenica
A9 E7 51
66
Cres
Krk
Rovinj
E 65
E 71
23
Senj
Nationalpark Plitvicer Seen
Pula
52
1
Rab
VELEBIT
E 71
25
Lošinj
25
E 65
Pag
Nationalpark Paklenika
Zadar
DALMATIEN
Ugljan
ADRIATISCHES MEER
E 65
Dugi Otok
Pašman
20
40 km
Nationalpark Kornaten

ETAPPE 4 PLITVICER SEEN

Der größte und sicherlich spektakulärste Nationalpark Kroatiens besteht aus mehr als 16 Seen, die durch Kaskaden miteinander verbunden sind.

ÜBERNACHTEN

Hotels und Campingplätze innerhalb des Parks (Liste auf www.np-plitvicka-jezera.hr). Ansonsten übernachten Sie bei Einheimischen: mehrere Gästezimmer in **Rastovača**, dem Dorf am Eingang I.

NATIONALPARK

Nehmen Sie sich einen ganzen Tag Zeit für diesen Park und kommen Sie früh, um den Menschenmassen zu entgehen. Wenn Sie nur einen halben Tag Zeit haben, gehen Sie um 7 Uhr los oder im Sommer nach 16 Uhr. Konzentrieren Sie sich dann auf die unteren Seen. Bringen Sie geeignetes Schuhwerk mit.

• Eingänge: **Rastovača** (Eingang I), **Hladovina** (Eingang II) und **Flora** (Hilfseingang). Gebührenpflichtige Parkplätze an den Eingängen I und II.

• Öffnungszeiten: 7–20 Uhr im Sommer (letzte verkaufte Eintrittskarte um 18 Uhr).

• Website: www.np-plitvicka-jezera.hr, Informationszentren an den Haupteingängen.

SEHENSWERTES & ADRESSEN

- A Großer Wasserfall
- B Gavanovac-See
- C Milanovac-See
- D Kozjak-See
- E Obere Seen
- 1 Cafeteria am Kozjak-See
- 2 Hotels Jezero und Plitvice
- 3 House Katarina

Barać-Höhlen, RAKOVICA, RASTOKE, ZAGREB
Rastovača
TOUR 2
Korana
ULAZ 1 (EINGANG 1)
Chute Sastavci
Großer Wasserfall
Plitvica potok
Kaluđerovac-See
Gavanovac-See
Untere Seen
Milanovac-See
S.T. 1
P3
Kozjak-See
Velika Poljana
ULAZ 2 (EINGANG 2)
S.T. 2
Obere Seen
P1
P2
Gradinsko-See
Veliko
Malo
Galovac-See
Okrugljak
Mukinje
Ciginovac-See
Batinovac
S.T. 3
SPLIT, JEZERCE
Prošćansko-See
0 500 m

PLITVICER SEEN

SEHENSWERTES & ADRESSEN

A GROSSER WASSERFALL

Der höchste Wasserfall des Parks ist atemberaubend. Die Wassermassen des Veliki stürzen über 70 m tief in den Fluss Korana.

B GAVANOVAC-SEE

Bietet schöne Aussichten. Er wird vom Milanovac-See gespeist und hat eine schöne Grotte. Nicht weit entfernt befindet sich die Šupljara-Höhle, die man über eine steile Treppe erreicht.

C MILANOVAC-SEE

Die Wasserfälle speisen sich aus dem Kozjak-See, der direkt darüber liegt. Von hier aus verengen sich die unteren Seen zu einem Canyon.

D KOZJAK-SEE

Der größte See des Nationalparks kann auf seiner gesamten Länge mit einem **Elektroboot** überquert werden. So gelangt man von den unteren zu den oberen Seen.

E OBERE SEEN

Die Wasserfälle sind nicht so beeindruckend wie die der unteren Seen, aber der Weg über die Holzstege ist ein reines Vergnügen. Die Stege führen dicht an den zwölf Seen vorbei.

1 CAFETERIA AM KOZJAK-SEE

• Man kann in der Cafeteria eine Kleinigkeit essen.
• Guter Platz, um die Wartezeit bis zur Ankunft des Bootes zu überbrücken.
Kozjak-See, gegenüber dem Bootsanleger bei den unteren Seen | tgl. 9–18 Uhr

2 HOTELS JEZERO UND PLITVICE

• In den Restaurants der beiden Hotels kann man direkt im Park essen.
• Solide Küche.
Beide befinden sich neben dem Eingang II | mittags und abends

3 HOUSE KATARINA

• Charmantes Gästehaus in der Nähe des Parks, das typische Gerichte anbietet.
• Forelle, Fleisch und Gemüse vom Grill.
Rastovača 14/1 (in der Nähe des Eingangs I) | tgl. 18–22 Uhr

 Die jeweiligen Öffnungszeiten finden Sie im Register ab S. 188.

TOUR
2

VON DEN PLITVICER SEEN NACH ZADAR

- **Dauer: 2.15 Std. (160 km) mit einem Abstecher nach Novigrad (direkte Strecke: 1.55 Std., 140 km). Nehmen Sie die D1 und dann die A 1/E 71.**
- **Ohne Auto: Mehrere Busse tgl. fahren in 3 Std. nach Zadar**

NOVIGRAD

Hübscher kleiner Hafen, der vom Tourismus verschont geblieben ist und von einer venezianischen Festung gekrönt wird. Das Ensemble beherrscht das Ufer eines Fjords.

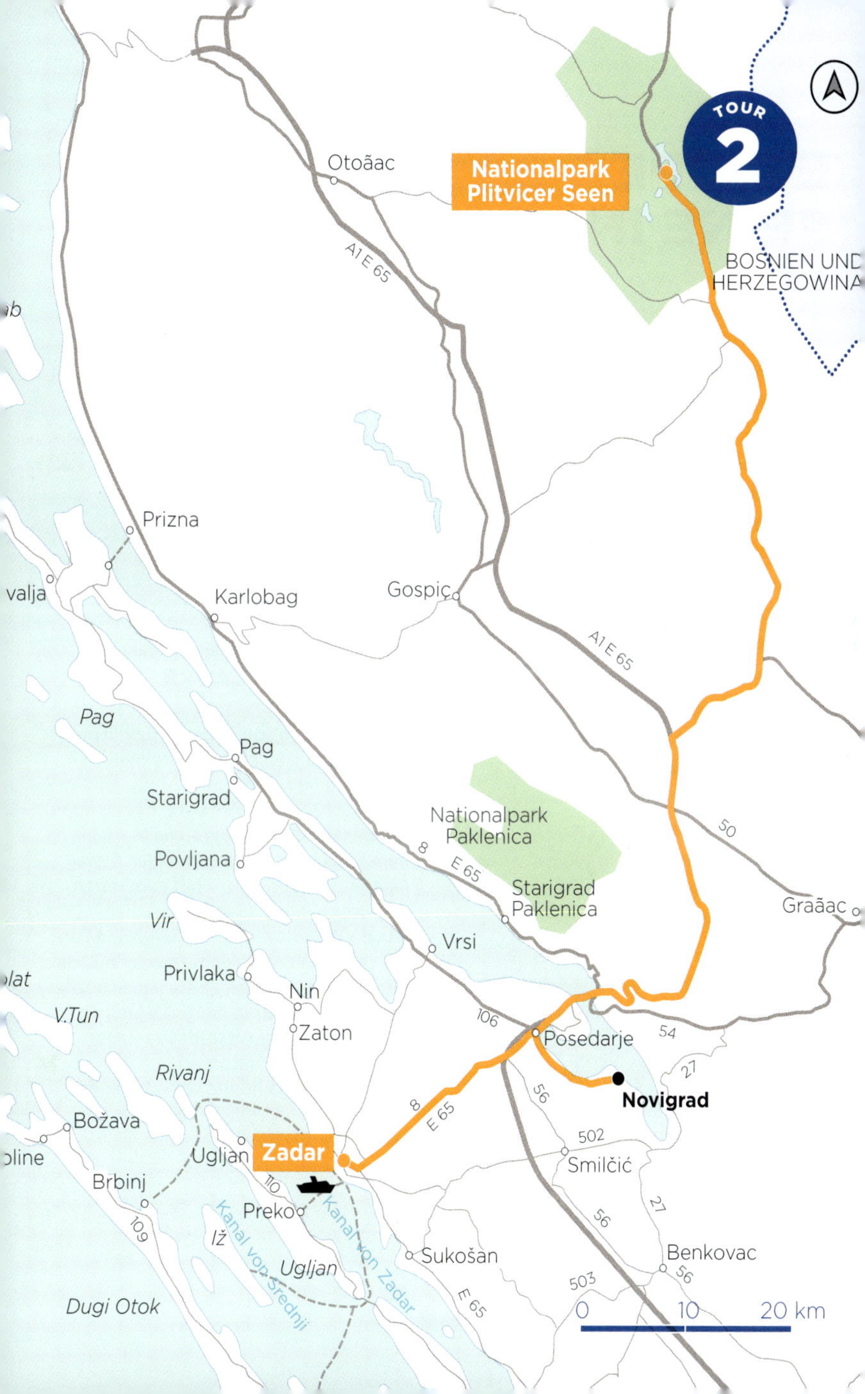

TOUR
2
Nationalpark Plitvicer Seen
Otoãac
A1 E 65
BOSNIEN UND HERZEGOWINA
Prizna
Karlobag
Gospić
A1 E 65
Pag
Pag
Starigrad
Nationalpark Paklenica
Povljana
8
E 65
Starigrad Paklenica
50
Graãac
Vir
Vrsi
Privlaka
Nin
V.Tun
Zaton
106
Posedarje
54
27
Rivanj
56
Novigrad
Božava
8
E 65
502
Zadar
Ugljan
Smilčić
Brbinj
110
Preko
Kanal von Zadar
Kanal von Srednji
Iž
27
56
109
Sukošan
Benkovac
Ugljan
503
56
E 65
Dugi Otok
0
10
20 km

ETAPPE 5 ZADAR UND SEINE INSELN

UNTERWEGS

- Die Halbinsel, auf der sich die Altstadt von Zadar befindet, lässt sich mit dem Auto umrunden. Im Zentrum bewegt man sich besser zu Fuß.
- Mehrere Parkplätze am Fuß der Stadtmauer. Der Parkplatz Ravnice 2 ist günstiger bzw. am So kostenlos.

INFOS & ADRESSEN

Touristeninfo: Jurja Barakovića 5A, www.zadar.travel

AUSFLUG ZU DEN KORNATEN

- Agenturen in Zadar bieten Tagesausflüge an. Eine Liste der Boote findet man auf www.np-kornati.hr/en/tourism/izleti. Auf der Seite gibt es auch Eintrittskarten für den Nationalpark Kornaten.
- Vergessen Sie nicht Maske und Schnorchel, um die Unterwasserwelt bewundern zu können.

ZU DEN INSELN RUND UM ZADAR

Ugljan (Hafen von Preko): Stündliche Fähre von Gaženica mit Jadrolinija. Dauer: 25 Min.
Pašman: Mit dem Auto von Ugljan oder mit der Fähre von Biograd na Moru auf dem Festland südlich von Zadar. Etwa jede Stunde geht ein Schiff zum Hafen von Tkon. Dauer: 15 Min.
Dugi Otok (Hafen von Brbinj): 3–4 Fähren pro Tag vom Hafen Gaženica in Zadar mit Jadrolinija. Dauer: 1.40 Std. Schneller mit dem Katamaran der G & V Line ab dem Hafen in der Altstadt von Zadar, Ankunft Sali, im Naturpark.
www.jadrolinija.hr und www.gv-line.hr

TOUR 2
Povljana
Pag
Vir
Ražanac
Starigrad Paklenica
Kraljičina Strand
Privlaka
Vrsi
Nin
Zaton
Molat
V.Tun
Sestrunj
Rivanj
Zverinac
Soline
Božava
Sakarum Strand
Posedarje
Ugljan
1 Zadar
Kanal von Zadar
Kanal von Srednji
Smilčić
Brbinj
Preko
Bibinje
Iž
Ugljan
Sukošan
Rava
Dugi Otok
Pašman
Pašman
Biograd na Moru
Vrana
Krknava
Sit
Sali
Tkon
Pakoštane
Naturpark Telašćica
Lac de Mir
Žut
Vrgada
V. Arta
Kornati
Murter
ADRIATISCHES MEER
Levrnaka
Kornati
Pliškerg
V. Smokvica
Lavsa
Nationalpark Kornaten
Kurba
2 Inseln und Strände in der Nähe
10
20 km

ZADAR 1 DAS HISTORISCHE ZENTRUM

Die kleine Hauptstadt Norddalmatiens besitzt ein charmantes, befestigtes Zentrum auf einer Halbinsel. Die Stadt verfügt über ein reiches historisches Erbe und bewahrt ihre Erinnerungen.

SEHENSWERTES	RESTAURANTS	AUSGEHEN
A Landtor	1 Markt	9 Donat
B Narodni trg	2 Konoba Stomorica	10 Kult Caffe Bar
C Museum der Kirchenkunst	3 4kantuna	11 Cogito Coffee
D Forum Romanum	4 Pet Bunara	12 Ledana
E Kirche des hl. Donatus	5 Foša	
F Kathedrale der hl. Anastasia	6 Kaštel	
G Meeresorgel	7 Kornat	
	8 Harbor	

TOUR
2
Liburnska obala
Arsenal
I. Brčića
Luke Jelića
Istarska obala
Ivana Danila
Božidara Petranovića
Bedemi
zadarskih
pobuna
TRG TRI BUNARA
Grand
Arsenal
Liburnska obala
Obala kneza Branimira
Luka
Meerestor
Bedemi zadarskih pobuna
Braće Bersa
Braće Bilišić
Paravije
L. Mandića
Jurja Bijankinija
Jakše Čuke
Mate Karamana
N. Matafare
Pr. D. Parčića
Fra Donata Fabijanića
Alesandra
J. Vidulića
TRG SV. STOŠIJE
Poljana Pape Aleksandra III
Brne Krnarutića
Kathedrale der hl. Anastasia
Kirche des hl. Donatus
Tanzlingera
Zadarskog mira 1358
Obala kralja Petra Krešimira IV
POLJANA IVANA PAVLA II
Forum
Romanum
Kožičića Benje
Široka ulica
Knezova Šubića Bribirskih
Grand
marché
Dalmatinskog sabora
Hrvoja Vukčića Hrvatinića
Matarska
(BRÜCKE PIÉTONNIER)
Obala kralja Tomislava
Archäologisches
Museum
Museum der
Kirchenkunst
Šimuna
TRG OPATICE ČIKE
Jurja Dalmatinca
Ethnologisches
Museum
Jurja Barakovića
Museum für
antike Gläser
Madijevaca
Braće Vranjana
NARODNI TRG
Don Ive Prodana
Federica Grisogona
Zore Dalmatinske
K. Dalmatina
E. Kotromanić
Jurjeva
Plemića Borelli
M. Klaića
Kirche des
hl. Simeon
Stratico
Blaža
Stomorica
Varoška
Spire Brusina
TRG ŠIME BUDINIĆA
Bartula Kaš
TRG PETRA ZORANIĆA
Mihovila Pavlinovića
Obala kralja Petra Krešimira IV
Sirac
Kovačka
Sokolska
Landtor
Perivoj
Kraljice
Jelene
Madijevke
VAROŠ
Ru -dera Boškovića
ADRIATISCHES MEER
Philosophische
Fakultät
Foša
Zvonimira
Kralja Dmitra
100 m

ZADAR SEHENSWERTES

1 DAS HISTORISCHE ZENTRUM

A LANDTOR

Der Haupteingang zur Altstadt, die man durch das Tor im Stil eines römischen Triumphbogens betritt. Über dem Eingang sieht man den venezianischen Markuslöwen.

B NARODNI TRG

Das pulsierende Herz der Stadt mit einer Reihe von Cafés. Rund um den Platz befinden sich mehrere sehr gut erhaltene Renaissancegebäude.

C MUSEUM DER KIRCHENKUNST

Trg opatice Čike 1 | Eintritt

Vielleicht das weltweit schönste Museum für religiöse Kunst. Der Besuch wird von den Benediktinerinnen, die das Kloster bewohnen, geleitet.

D FORUM ROMANUM

Dieses Forum wurde von Kaiser Augustus gegründet und war ursprünglich von Arkaden umgeben. Nur eine antike Säule steht noch. Sie diente im Mittelalter als Pranger.

E KIRCHE DES HL. DONATUS

Trg Svete Stošije 3 | Eintritt

Ihr kreisförmiger Grundriss macht sie einzigartig und zu einem Wahrzeichen von Zadar. Im Sommer finden in der Kirche klassische Konzerte statt (www.donat-festival.com). (Bild rechts)

F KATHEDRALE DER HL. ANASTASIA

Sv. Stošije trg

Die größte Kathedrale in Dalmatien. Ihre bemerkenswerte Fassade im toskanischen Stil wird von drei Portalen durchbrochen. Vom Glockenturm aus hat man einen schönen Blick auf die Stadt.

G MEERESORGEL

Istarska obala

Unter dem Kai installierte Röhren geben Töne von sich, weil die Wellen sich bewegen und Luft in sie einströmen kann. Das Instrument lässt sich am besten vor einem Sonnenuntergang genießen.

TOUR
2

ZADAR RESTAURANTS

1 DAS HISTORISCHE ZENTRUM

1 MARKT

• Perfekt, um sich ein leckeres Picknick zusammenzustellen.
• Bunte Obst- und Gemüsestände, Käse aus Pag, verlockende Wurstwaren.
Zlatarska | tgl. 7–15 Uhr

2 KONOBA STOMORICA

• Typisch kroatisches Restaurant.
• Küche und Einrichtung sind traditionell.
Stomorica 12 | tgl. 10–24 Uhr

3 4KANTUNA

»Ich komme gern hierher, um sehr gute Pizza oder Grillgerichte zu essen und einige der besten Cocktails in Kroatien zu probieren.«
Varoška 1 | tgl. 11–23 Uhr

4 PET BUNARA

• Dalmatinische Spezialitäten werden in einer angenehmen Atmosphäre serviert.
• Interessante Weinkarte.
Stratico 1 | tgl. 13–22 Uhr

5 FOŠA

• Das beste Fischrestaurant in Zadar.
• Von der Terrasse aus blickt man auf das Wasser.
Kralja Dmitra Zvonimira 2 | tgl. 12–1 Uhr | Reservierung ✆ 023/314421

6 KAŠTEL

• Raffinierte dalmatinische Küche.
• Von der Terrasse sieht man über die Stadtmauern.
Bedemi zadarskih pobuna 13 | tgl. 13–23 Uhr

7 KORNAT

• Köstliche dalmatinische Küche und guter Service.
• Oktopussalat, gefüllte Ravioli, schön zubereiteter Fisch.
Liburnska Obala 6 | tgl. 12–23.30 oder 1 Uhr

8 HARBOR

»Ausgezeichnete Auswahl an traditionellen und neu interpretierten Gerichten. Gute Cocktails, sehr schöne Aussicht.«
Obala Kneza Branimira 6a | Mo–Sa 7–2, So 7–24 Uhr

ZADAR AUSGEHEN

DAS HISTORISCHE ZENTRUM

TOUR 2

9 DONAT

»Das beste Eis in Zadar. Haselnuss und Punch mit Schokoladencoulis und Haselnusskrümeln. Lecker!«

Trg Svete Stošije | tgl. 7–24 Uhr

10 KULT CAFFE BAR

- Sehr große Bar im Freien.
- Für einen Kaffee oder ein Getränk im lebhaften Stadtteil Varoš.

Stomorica 6a | tgl. 0–24 Uhr

11 COGITO COFFEE

»Kaffee ist in Kroatien heilig! Hier bekommt man ihn in idealer Lage zwischen dem Stadtzentrum und den Fähren.«

Poljana pape Aleksandra III

12 LEDANA

- Entspannende Loungebar in einem Garten.
- Clubatmosphäre nach Mitternacht und gelegentliche DJ-Abende.

Perivoj Kraljice Jelene Madijevke | Hauptsaison tgl. 8–24 Uhr

ZADAR 2 INSELN UND STRÄNDE IN DER NÄHE

Die Inseln oder Strände rund um Zadar sind nicht weit entfernt und bieten die Möglichkeit, fast unberührte Landschaften zu entdecken, insbesondere die Kornaten mit ihrer herben Schönheit.

SEHENSWERTES & ADRESSEN

- A Nin
- B Kraljičina Strand
- C Ugljan
- D Pašman
- E Dugi Otok
- F Kornaten
- 1 Sokol
- 2 Konoba Barbara Preko
- 3 Spageritimo

TOUR 2
Nationalpark Paklenica
Povljana
Pag
Vir
Starigrad Paklenica
Ražanac
Kraljičina Strand
Vrsi
Privlaka
Nin
Zaton
Molat
V.Tun
Sestrunj
Rivanj
Zverinac
Soline
Božava
Rat
Sakarun Strand
Ugljan
Zadar
Kanal von Zadar
Kanal von Srednji
Posedarje
Smilčić
Brbinj
Preko
Bibinje
Iž
Sukošan
Rava
Ugljan
Dugi Otok
Pašman
Pašman
Krknava
Biograd na Moru
Vrana
Sali
Sit
Tkon
Pakoštane
Mir-See
Žut
Vrgada
SPLIT
V. Arta
Kornaten
Murter
ADRIATISCHES MEER
Levrnaka
Kornati
Pliškerg
V. Smokvica
Lavsa
Kurba
10
20 km

ZADAR SEHENSWERTES & ADRESSEN

2 INSELN UND STRÄNDE IN DER NÄHE

A NIN

Hübsche kleine Stadt. Interessante Besichtigung der Salinen, in denen seit der Antike die gleichen Techniken zur Salzgewinnung angewandt werden.

B KRALJIČINA STRAND

Großer Sandstrand, ideal für Familien, da das Wasser warm und flach ist. Windsurfkurse für Anfänger.

C UGLJAN

Sehr naturbelassene Insel, aber dennoch bewohnt und besucht, da sie Zadar am nächsten liegt.

D PAŠMAN

Die Insel ist durch eine Brücke mit Ugljan verbunden und deutlich weniger bevölkert. Etwas karger als Ugljan.

E DUGI OTOK

Die größte Insel des Archipels. Im Süden gibt es hohe Klippen im Naturpark Telašćica, wo der beliebte **Salzsee Mir** zu einem Bad einlädt. Im Norden ist der **Sakarun Strand** ein Juwel.

F KORNATEN

Ausflüge von Zadar | Eintritt

Diese fast unbewohnte weiße Inselgruppe mit ihrem felsigen Relief und ihrer kargen Schönheit erobert die Herzen der Segler und Taucher im Sturm.

1 SOKOL

Nin

- Gute Adresse mit einer kleinen, von Weinreben beschatteten Terrasse.
- Einfache, aber herzhafte Gerichte, wie etwa die hausgemachten Nudeln mit Venusmuscheln.

Hrvatskog sabora 2

2 KONOBA BARBARA PREKO

Ugljan

- Ideal gelegen für ein Mittagessen direkt am Wasser.
- Probieren Sie das in einer *peka* gegarte Fleisch.

An der Strandpromenade, Preko

3 SPAGERITIMO

Dugi Otok

- Einfaches und gutes Fischrestaurant, das den Fang des Tages zubereitet.
- Schöne Terrasse am Hafen.

Sali bb, am Hafen von Sali | tgl. 11–22 Uhr

 Die jeweiligen Öffnungszeiten finden Sie im Register ab S. 188.

TOUR
2

TAGESAUSFLUG VON ZADAR

NATIONALPARK PAKLENICA

WANDERN IN EINER KALKSTEINLANDSCHAFT

- **Dauer: ca. 1 Std. bis zum Parkplatz in Velika Paklenica**

DER NATIONALPARK

- **Informationszentrum des Parks**: am Eingang von Starigrad Paklenica (Pläne, Führer für die Höhle Manita Peć).

Zugang: kostenloser Parkplatz kurz hinter Marasovići. Gebührenpflichtiger Parkplatz 2 km weiter am Beginn der Schlucht von Velika Paklenica. Eintritt je nach Saison.

- Unterschiedlich schwere und lange Wandertouren sowie zahlreiche Klettergebiete. Infos im Parkbüro.

VELIKA PAKLENICA

Die am besten zugänglichste Wanderung. Die Canyon-Route, die vom 2. Parkplatz aus sichtbar ist, schlängelt sich zwischen Felsen und Fluss hindurch und führt hinauf zur Schutzhütte Dom Paklenica, von wo aus man zum Gipfel gelangt.
Vor der Wanderung am 1. Parkplatz anhalten und an der Alten Mühle (Paklenički mlin) wegen der Panoramaaussicht auf den Velebit einen Zwischenstopp einlegen.

MANITA PEĆ

Juli–Sept. tgl. 10–13 Uhr | Pullover mitnehmen

Schöne Höhlen, die von Fledermäusen bewohnt werden. 30minütige, geführte Tour. Vom Parkplatz an der Velika Paklenica braucht man 1,5 Std. durch den Canyon.

ANIĆA LUKA

Auf dem Rückweg zum Parkplatz steigt links ein Weg zu einem Plateau an, von dem aus sich neue Perspektiven eröffnen. Der Ort ist ein bekannter Kletterspot.

TOUR 2
RIJEKA
Nationalpark Paklenica
Velika Paklenica
Manita Peć
Anića Luka
Marasovići
Starigrad Paklenica
Ražanac
Pag
Vrsi
Posedarje
Novigrader Meer
Poličnik
Murvica
Zadar
Smilčić
Zemunik
Bibinje
Sukošan
Kanal von Zadar
Ugljan
Kukljica
8
E 65
106
A1 E 65
54
56
502
0
2,5
5 km

VON ZADAR NACH ZAGREB

- **Dauer: 3 Std. über die E 71 und dann Richtung Velika Gorica**
- **Ohne Auto: Etwa jede Stunde ein Bus, der Sie in 4 Std. in die Hauptstadt bringt. Shuttle-Busse zum Flughafen am Busbahnhof in Zagreb.**

- **Variante: Sie können einen Rückflug vom Flughafen Zadar nehmen**

BÄRENREFUGIUM

Kuterevo | So geschl. | Eintritt frei (Spende willkommen)

Hier haben Sie die Gelegenheit, Bären aus nächster Nähe zu beobachten. In Kroatien gibt es viele dieser Tiere, aber die Art ist bedroht. In der Auffangstation leben einige von ihnen.

VELIKA GORICA

Machen Sie vor dem Rückflug einen Spaziergang durch diese an den Flughafen angrenzende Stadt. Der König-Tomislav-Platz (Trg kralja Tomislava) ist ein schöner Platz mit großer Wiese.

TOUR 2
Zagreb
Velika Gorica
SLOWENIEN
E 65
E 70
Karlovac
Park prirode Lonjsko Polje
Sava
1
E 65
VELIKA KAPELA
8
Krk
E 71
Senj
Kuterevo
Bären-
refugium
Nationalpark Plitvicer Seen
BOSNIEN UND HERZEGOWINA
Rab
VELEBIT
E 65
25
E 71
Nationalpark Paklenica
Pag
27
RIATISCHES MEER
Zadar
Ugljan
E 65
DALMATIEN
Dinara
1831 m
Dugi Otok
Nationalpark Krka
33
20
40 km
Pašman

REGISTER

F

G

H

I-J

K

L

N

O-P

R

S

T

U-W

REISENOTIZEN

REISENOTIZEN

REISENOTIZEN

REISENOTIZEN

REISENOTIZEN

REISENOTIZEN

REISENOTIZEN

REISENOTIZEN

Die französische Originalausgabe mit dem Titel »Simplissime Croatie – le guide de voyage le + pratique du monde « erschien erstmals 2019 bei Hachette Livre (Hachette Tourisme) in Vanves, Frankreich.

Autorin: Sanja Ranty
Kartografie: Frédéric Clémençon, Aurélie Huot
Grafische Gestaltung des Innenlayouts und des Umschlags: Studio HelloÉlo
Layout: Chrystel Arnould
Leiter der Buchreihe: Jean-François Mallet

Verantwortlich: Claudia Hohdorf
Übersetzung: Thomas Rath
Redaktion: booklab
Korrektorat: Ulla Thomsen
Satz: booklab
Repro: LUDWIG:media
Herstellung: Alexander Knoll
Printed in Slovenia by Florjancic

ISBN 978-3-7343-2494-9

Sind Sie mit diesem Titel zufrieden? Dann würden wir uns über Ihre Weiterempfehlung freuen.
Erzählen Sie es im Freundeskreis, berichten Sie Ihrem Buchhändler, oder bewerten Sie bei Onlinekauf. Und wenn Sie Kritik, Korrekturen, Aktualisierungen haben, freuen wir uns über Ihre Nachricht an Bruckmann Verlag, Postfach 40 02 09, D-80702 München oder per E-Mail an lektorat@verlagshaus.de

Unser komplettes Programm finden Sie unter www.bruckmann.de

 In diesem Buch wird aus Gründen der besseren Lesbarkeit das generische Maskulinum verwendet. Weibliche und anderweitige Geschlechteridentitäten werden dabei ausdrücklich mitgemeint, soweit es für die Aussage erforderlich ist.

Die Deutsche Nationalbibliothek verzeichnet diese Publikation in der Deutschen Nationalbibliografie; detaillierte bibliografische Daten sind im Internet über http://dnb.d-nb.de abrufbar.

BILDNACHWEIS

Adobe

8, 12, 15, 24 (oM, ul), 26, 27 (u), 30 (or, ul, ur), 36 (or, ul, ur), 37 (ol, oM, uM), 40, 41, 42, 43, 44, 45, 47 (o, MM, Mr, ur), 50, 58, 59, 66, 68, 69 (M), 72, 76, 80 (M, u), 82, 84, 85, 88, 90, 94 (o), 95 (M), 96, 98, 99, 100, 102, 104, 107, 110, 112, 118 (M), 120, 125 (oM, M, u), 130, 140, 143, 144, 146 (M), 147, 150, 152, 156, 158, 159, 160, 164, 166, 168, 170, 172, 177, 179, 180.

Shutterstock

18, 24 (ol, or, uM, ur), 28, 29, 30 (ol), 32, 36 (ol, oM), 37 (or, ul, ur), 38 (l, M), 39 (M, d), 47 (Ml, ul), 52, 53, 54, 55, 56, 65, 71, 74, 78, 80 (o), 81, 86, 87, 92, 94 (u), 95 (u), 105, 109, 113, 115, 116, 117, 118 (o, u), 119, 125 (or), 128, 131, 132, 133, 134, 136, 138, 146 (u), 149, 154, 162, 169, 174, 176, 178, 184, 186.

AgeFotostock

© Christian Goupi 73, michaldziedziak 163, Dalibor Brlek 183.

Hemis.fr

© SERRANO Anna 6, Jon Arnold Images 11, 27 (o), POMPE Ingolf 69 (u), MANIN Richard 70.

Photononstop

© Fabijanic Damir/Sime 38 (r).

Für die Bereitstellung dankt der Verlag

© Sven Mladinovic: 33.
© Rijeka Tourist Board (www.visitrijeka.eu): 39 (l).
© GAGA: 87.
© submarineburger.com: 137.